소크라테스,
구름 위에 오르다

탐 철학 소설 13

소크라테스, 구름 위에 오르다

초판 1쇄	2014년 8월 14일
초판 4쇄	2022년 5월 25일

지은이	서정욱

책임 편집	황여진
마케팅	강백산, 강지연
표지디자인	땡스북스 스튜디오
표지 일러스트	박근용
본문 디자인	유민경

펴낸이	이재일
펴낸곳	토토북

주소 04034 서울시 마포구 양화로11길 18 3층 (서교동, 원오빌딩)
전화 02-332-6255 | 팩스 02-332-6286
홈페이지 www.totobook.com | 전자우편 totobooks@hanmail.net
출판등록 2002년 5월 30일 제10-2394호
ISBN 978-89-6496-197-1 44100
ISBN 978-89-6496-136-0 44100 (세트)

● 이 책의 사용 연령은 14세 이상입니다.
● 탐은 토토북의 청소년 출판 전문 브랜드입니다.

소크라테스,
구름 위에 오르다

서정욱
지음

13

탐
철학
소설

탐

차례

평생 가난했지만 최고의 명예를 얻었던 사람

독일 하이델베르크 시청 옆에는 민병례 님이 경영하는 조그마한 한국 식당이 있다. 필자가 굳이 이분의 성함을 거론하는 이유는 이분과 맺은 작지만 잊지 못할 인연 때문이다. 1980년대 유학생 대부분이 그러했듯이 필자도 방학은 물론 학기 중에도 주말엔 일을 하면서 생활비를 조금씩 모아야 했다. 필자가 우연히 주말 일자리를 얻은 곳이 바로 이 식당이었다. 그때만 해도 한국이라는 나라는 잘 알려지지 않았고, 한국 음식을 찾는 독일 사람도 많지 않았다. 그러다 보니 손님을 맞는 시간보다는 둘이 이야기를 나누는 시간이 더 많았다. 지금 생각하면 죄송하고 민망한 상황이지만, 가난한 유학생에 대한 그분의 깊은 배려가 담긴 일이었다.

"명예와 부의 관계를 어떻게 생각합니까?"

손님이 많지 않던 어느 날 민병례 님이 내게 한 질문이었다. 처음부터 부를 목적으로 삼는 사람은 어떤 방법이든 돈을 모으기만 하면 되기 때문에 명예에는 관심을 버리거나 거리를 두어야 한다. 목적

했던 부를 이룬 다음이라 하더라도 명예와는 거리를 두는 것이 옳다. 만약 부를 얻은 다음 명예에 관심을 갖게 되면 좋지 않는 일이 많이 일어나기 때문이다. 부정적인 방법을 동원하지 않고 부를 축적하기란 예나 지금이나 쉽지 않다. 우리말에 '개처럼 벌어서 정승처럼 쓴다'는 말이 있다. 정승처럼 쓰는 것을 나무라는 사람은 없지만, 만약 정승처럼 쓰면서 정승처럼 행동하면 그때부터 사람들은 기다렸다는 듯이 그가 개처럼 벌었던 시절을 찾아내 모함하거나 비난의 대상으로 삼는다.

명예도 마찬가지다. 명예와 부는 처음부터 함께할 수 없는 것이다. 만약 명예를 추구하는 사람이 부를 염두에 두면 그 결과도 마찬가지다. 명예를 추구하는 사람이 가질 수 있는 부는 한계가 있다. 그 한계를 넘어서면 명예가 아닌 부를 추구하는 것과 같다. 그렇기 때문에 부를 추구한 다음 명예를 가지려는 경우와 같은 결과가 나올 수밖에 없다. 청문회를 통해 드러나는 정치인의 비리와 낙마의 원인이 바로 여기에 있음을 우리는 익히 보아 잘 알고 있다.

소크라테스를 보자. "소크라테스보다 더 지혜로운 사람은 없다." 라는 신탁을 들은 후 그가 취한 행동은 사실 확인이었다. 그는 아무것도 가진 게 없는 가난한 조각가의 아들이었다. 그런데 신으로부터 아테네에 자신보다 더 지혜로운 사람은 없다는 말을 들었다. 이것보다 더한 명예가 어디 있겠는가! 소크라테스는 그 명예를 놓치지 않았다. 실제로 명예를 얻었다. 그러나 그는 끝까지 부를 원하거나 추구하지 않았다. 가난하게 태어난 소크라테스는 죽을 때까지도 가난했다. 하지만 그는 어떤 불평도 원망도 하지 않았다. 오히려 남겨진 아들들에게 명예를 위한 일만 하고 부를 취하는 행동을 하지 말라고 당부하고 또 당부했다.

희극 작가 아리스토파네스에게 이런 소크라테스는 자신의 작품에 쓰일 좋은 소재였다. 아리스토파네스는 소크라테스를 소재로 한 희극 〈구름〉을 발표하여 유명한 작가가 되었고, 이 연극은 거의 매일 공연되면서 소크라테스는 유명세를 얻었다. 그런데 문제는 작품 속 소크라테스가 친구 카이레폰과 함께 신선처럼 구름 속에서 노닐면서 매일같이 허무맹랑한 말과 이치에 맞지 않는 논리로 돈을 버는 모습으로 묘사되고 있다는 점이다. 즉 아리스토파네스는 〈구름〉 속에서 소크라테스를 명예보다는 부를 추구한 사람으로 묘사했다.

〈구름〉은 아테네의 디오니소스 광장에서 공연되었다. 좋은 것보다 나쁜 것이 더 빠르게 전염되듯이 좋든 싫든 이 공연을 관람한 사람들은 소크라테스의 실제 모습보다는 작품 속의 모습을 머릿속에 새겼다. 결국 아테네 사람들에게 소크라테스는 아리스토파네스가 묘사한 대로 구름 속에서 노닐면서 나쁜 이론을 가르치며 돈이나 챙기는 한심한 사람으로 알려질 수밖에 없었다. 예나 지금이나 미디어의 힘이 얼마나 큰지 잘 알 수 있는 부분이다.

하지만 어디까지 작품은 작품이고, 연극은 연극일 뿐이다. 플라톤은 스무 살에 소크라테스를 만나 그를 스승으로 모셨다. 플라톤은 소크라테스의 모든 것을 대화록으로 남겼다. 플라톤의 대화록을 통해 우리는 소크라테스의 삶과 사상에 관한 모든 것을 알 수 있다. 플라톤에 따르면 소크라테스는 아리스토파네스의 주장처럼 친구 카이레폰과 함께 구름 위에서 노닐며 말도 안 되는 이야기로 세상을 조롱하고 돈을 챙긴 것이 아니라, 오히려 구름 위에 올라 부를 멀리하고 세상을 관조하며 자신의 명예를 지키기 위해서 노력했던 사람이다.

　소크라테스는 가난하게 태어나 가난하게 살았고, 가난하게 죽었다. 그러나 그는 세상 어떤 사람보다 더 큰 명예를 가졌다. 그리고 그 명예에 어떠한 흠집도 남기지 않았다. 그것은 부에 대한 그의 태도가 분명했기 때문이다. 즉, 명예와 부는 함께할 수 없다는 걸 소크라테스는 알았고, 그것을 우리에게 보여 주었다. 이렇게 소크라테스는 구름을 타고 노닌 것이 아니라 구름 위에 올라 세상을 바라보고, 우리에게 무엇을 해야 할 것인지를 알려 준 스승이다. 그래서 이 책의 제목도 《소크라테스, 구름 위에 오르다》로 정했다. 이것을 더 잘 이해하기 위해서 아리스토파네스의 〈구름〉과 플라톤의 《소크라테스의 변론》의 내용을 요약하여 부록으로 남긴다. 이 책을 읽는 독자 분들이 참고했으면 좋겠다.

이 책을 쓰면서 계속 고민했지만 명예와 부가 어떤 관계가 있는지 아직도 잘 모르겠다. 하지만 오래전 하이델베르크의 민병례 님과 나누었던 명예와 부에 관한 이야기를 참 많이 생각하게 했고, 그것을 바탕으로 소크라테스의 명예와 부도 함께 살펴보게 됐다. 가난한 유학생에게 깊은 배려를 베풀어 주신 민병례 님께 늦었지만 이 기회를 통해 감사드린다.

2014년 8월

서정욱

아테네로 가는 타임머신

"우리 승현이 많이 컸는데?"

"어, 유민 누나랑 가람이 누나잖아!"

"이모, 저희 왔어요. 이모부는 안 계세요?"

"어서들 오렴. 이모부? 빤하지 뭐. 어디 계시겠니?"

승현이와 우리 가족은 우연히 알게 되었지만, 이제는 친남매보다 더 가까운 사이다. 승현이네 아버지는 물리학자이신데 항상 무언가를 연구하는 데 몰두해 계신다. 우리가 왔는데도 안 보이시는 걸 보니 분명 또 뭔가 새로운 주제에 빠져 계신 모양이다. 그렇게 두세 시간이 지났을까. 뒤늦게 이모부가 밖으로 나오셨다.

"어이쿠, 우리 예쁜 숙녀들이 집에 온 것도 모르고 있었네!"

"이모부, 안녕하셨어요. 저희에게 놀러오라고 하시곤 이제 나오시면 어떡해요?"

"허허, 하던 일만 마무리한다는 게 너무 늦어 버렸네. 미안, 미안."

거실에서 이모부를 기다리며 승현이와 함께 신문 기사를 보며 이야기를 나누던 가람이가 이모부를 보자마자 다짜고짜 질문을 한다.

"이모부, 이리 오셔서 이것 좀 보세요. 플라톤이 민주주의를 증오했다는 게 사실이에요?"

내 동생 가람이는 겉보기엔 열여덟 살의 평범한 여고생이지만, 심오하고 엉뚱한 질문을 잘하기로 유명하다. 교과서보다 문학이나 철학책을 읽는 시간이 많다. 그리스 신화 이야기를 특히 좋아해 달달 외울 정도로 밤새 탐독한다. 그보다 두 살 어린 승현이는 이제 막 질풍노도의 사춘기와 중2병을 지나 조숙한 중3이 되었다. 물리학자인 이모부를 닮아 호기심이 참 많다. 가람이의 엉뚱한 질문에도 항상 눈을 반짝이며 흥미롭게 반응하는 승현이다.

"그게 무슨 말이야, 누나. 플라톤이 살았던 곳이 어디였는지 알고는 있어?"

"당연하지. 고등학생인 내가 그것도 모를 거 같아? 그리스의 수도 아테네잖아!"

"아테네 하면 가장 먼저 떠오르는 말이 '민주주의의 탄생'인데, 어떻게 아테네를 주름 잡던 플라톤이 민주주의를 싫어했을 수가 있어? 상식적으로 말이 안 되잖아."

누가 물리학자 아니랄까 봐 이모부는 승현이와 가람이의 호기심에 생뚱맞은 해결책을 꺼내셨다.

"여기서 이러쿵저러쿵할 게 아니라, 우리가 직접 타임머신을 타고 그리스 아테네로 가 보면 참 좋을 텐데 말이야. 너희의 생각은 어때? 정말 흥미로울 것 같지 않니? 플라톤이 정말 민주주의를 증오했는지 확인도 해 보고 말이지."

사실 나는 이미 플라톤이 민주주의를 증오했는지 아닌지 알고 있다. 전공 시간에 플라톤의 정치 철학에 대해 배운 바 있기 때문이다. 답을 알고 있는 나로서는 정답을 말하고 싶어 입이 근질근질했다. 하지만 명확하게 설명할 수 있을 정도로 자세히 알지는 못해 잠자코 있었다.

내가 아는 한 플라톤은 민주주의를 좋아하지 않았다. 기자가 표현한 대로 '증오'까지 했을지도 모를 일이다. 플라톤은 그가 그토록 따르고 존경하던 스승, 소크라테스가 죽은 이유가 민주주의 때문이라고 생각했다. 민주주의가 어떻게 소크라테스를 죽음으로 몰고 갔는지는 아직도 잘 납득이 되지 않는다. 이론적으로 석연치 않은 점이 너무 많다. 만약 타임머신이 있다면 나도 아테네로 날아가 그 현장을 직접 보고 싶다.

"참 아쉽다. 물리학자인 내가 멋지게 타임머신이라도 만들어서 너희 모두 태워서 소크라테스나 플라톤을 찾아가 물어볼 수 있을 텐데 말이야."

이번엔 우리의 대화를 멀리서 듣고만 있던 이모가 딴죽을 거셨다.

"당신이 만들고 있다는 타임머신, 아직도 완성 안 됐어요? 곧 완성된다고 한 지가 언제인데 아직이에요?"

"에이, 이 사람. 농담도 잘하긴. 내가 언제 타임머신을 만든다고 했어? 세계적인 과학자들도 못 만드는 것을 내가 어떻게 만들겠어."

이모부는 이모의 농담이 진담인 줄 알고 얼굴을 붉히며 놀라 손사래를 쳤다. 언제 봐도 이모부는 어린아이처럼 모든 것을 진지하고 심각하게 받아들이신다. 그런 모습이 어른이지만 참 순수하고 아이 같다는 생각이 든다. 그런데 정말로 타임머신이 있긴 한 걸까?

"최소한 이론적으로는 가능하지."

"이모부, 이론이 있으면 실제로 가능한 것 아니에요?"

"유민아, 조금만 기다려 봐. 내가 지금 계속 연구하고 있으니까 언젠가 타임머신을 꼭 만들고 말 거야."

"헉, 아빠가 정말로 타임머신을 만들고 있어요?"

"당신, 그렇게 궁금하게 하지 말고 그동안 만들어 놓은 것만이라도 좀 보여 줘요."

"아빠, 저희한테 무엇인가 숨기는 것 있죠?"

"이모부, 이쯤 해서 진실을 고백하세요!"

모두가 이모부가 타임머신을 만들어 놓고 우리에게 숨기고 있는 양 몰아붙였다.

"허허, 이제 그만 실토를 해야겠군. 그래, 그동안 내가 연구한 타임머신이 오늘 시운전을 하게 되었단다. 사실은 너희에게 가장 먼저 보여 주려고 이곳에 오게 한 거야. 모두들 나를 따라오렴."

"당신, 정말이야?"

"이모부, 너무 떨려요."

이모부의 연구실은 항상 지저분하면서도 복잡하지만 오늘만큼은 평소와 다르게 무척 깨끗했다. 타임머신은 둘째 치고 기계라고는 아무 것도 보이지 않았다.

"아빠, 여기에 뭐가 있다고 그래요?"

"녀석, 급하기는! 이쪽으로 따라 들어와 봐."

이모부가 들어온 반대쪽 문을 열고 들어가시면서 우리를 불렀다. 그곳은 내가 지금까지 한 번도 보지 못한 공간이었다. 무언가에 열중하고 있는 사람들이 여럿 모여 있었다. 이곳에서 일하는 연구원인 듯했다. 그중에 한 사람이 이모부를 보자마자 다가와 물었다.

"박사님, 전에 말씀하셨던 학생들이 이분들인가요?"

"응, 그렇다네. 시승 준비는 다 되었지?"

"네, 철저히 준비 완료했습니다."

"이모부, 이거 타도 정말 괜찮아요?"

"그건 나도 모른다. 어쩌면 너희와 영영 이별할지도 몰라!"

"빨리 타자, 언니. 뭘 그렇게 망설여? 이런 기회가 또 언제 우리에게 오겠어."

"유민 누나, 같이 가자. 아빠가 설마 하나뿐인 아들과 생이별하시 겠어?"

승현이의 당당한 목소리에 나도 모르게 타임머신 안으로 따라 들어갔다. 그곳에는 이미 우리 일행 외에도 다른 사람들이 함께 타고 있었다.

"아빠, 누나들이랑 재미있게 놀다 올게요."

"그래. 조심해서 다녀오렴. 부디 타임머신이 제대로 작동해야 할 텐데……."

승현이는 마치 놀이공원에서 놀이기구라도 탄 듯이 신이 나 목 소리가 들떠 있었지만 이모부의 목소리는 약간 떨렸다. 이모부의 떨 리는 목소리와 승현이의 당당한 목소리가 뒤섞여 울리는 순간, 타임 머신은 굉음과 함께 어디론가 이동하기 시작했다.

소크라테스,
법정에 서다

1

"딩동! 여러분을 태운 우리 비행기는 곧 고대 그리스의 중심, 도시 국가 아테네에 도착하려고 합니다. 탑승자께서는 안전벨트를 착용해 주시고 앞에 놓인 모니터를 확인하신 후 내리실 분은 스톱 버튼을 눌러 주시기 바랍니다."

"누나, 빨리 일어나. 벌써 아테네에 다 왔나 봐. 이 모니터 좀 봐."

승현이의 목소리에 놀란 우리는 벌떡 일어났다. 승현이가 가리킨 모니터에는 다음과 같은 자막이 떠 있었다.

> **장소** 고대 그리스의 중심지 아테네
>
> **연도** 기원전 399년
>
> **사건** 소크라테스, 법정에 서다

기원전 399년? 우리가 진짜 과거로 왔단 말인가. 그것도 소크라테스가 살던 곳이라니. 이게 꿈인가 생시인가 가늠해 보기도 전에 비행기에선 곧 착륙한다는 음성 안내가 들려 왔다. 우리는 서둘러 내릴 차비를 챙겼다.

"언니, 무슨 생각해? 빨리 내리지 않고."

"응, 알았어. 난 이제 내릴 준비 다 끝났어."

"끝나긴 뭐가 끝나. 마시던 주스 잔도 그대로 있잖아! 언니 왜 그래? 언니, 당황하셨어요?"

전공 책에서만 봤던 고대 그리스 땅에 발을 디딘다고 생각하니 설레기도 하면서 한편으로는 어떤 일이 생길지 걱정도 되는 게 사실이었다. 더구나 내가 사랑하는 동생들과 함께여서 더욱 그렇다. 앞으로 무슨 일이 펼쳐질지 전혀 예상되지 않는다는 게 막막했다.

"지금 타임머신에서 내리신 분들은 안전한 여행을 위해서 원하시는 여행 안내 데스크에서 이어폰을 받은 다음, 저희의 안내에 따라 움직이시기 바랍니다. 대열에서 이탈하셨을 때는 당황하지 마시고 이어폰에 부착되어 있는 비상 버튼을 눌러 주시기 바랍니다. 여러분의 안전과 편안한 여행을 위해 반드시 승무원의 안내를 따라 주시면 감사하겠습니다."

타임머신을 타니 일반 비행기를 탔을 때보다 훨씬 더 승객들의 안전을 중요하게 여기는 듯했다. 공항 밖을 빠져 나왔는데도 승객의 안전을 위한 안내 방송과 표지판은 여전히 눈에 많이 띄었다. 안전 표지판에 섞여 자칫하면 놓칠 뻔했던 여행 안내 데스크 표지판을 승현이가 용케 발견했다.

"가람 누나, 저기야. 저쪽으로 가면 우리가 원하는 곳으로 갈 수 있나 봐."

"와, 승현이가 눈이 밝구나."

데스크에 도착하니 여러 가지 여행 코스가 적힌 안내문이 식당의 메뉴판처럼 펼쳐져 있었다. 승현이가 선택한 코스는 1번이었다.

아테네 여행 제1코스

장소 아고라

테마 소크라테스의 재판 현장

우리의 첫 번째 여행 코스는 기원전 399년의 최고 사건이자, 고대 철학사에서 가장 중요한 순간으로 꼽히는 소크라테스 재판이 벌어지는 법정이었다. 안내 데스크의 직원이 우리에게 이어폰을 건네주었다. 평소에도 기계에 관심이 많은 승현이가 이어폰에 가장 먼저 눈을 반짝였다.

"이 이어폰은 뭐예요?"

"전 세계 모든 언어를 번역해 주는 최첨단 이어폰입니다. 또 손님이 어디에 있는지 알려 주는 GPS 기능도 내장되어 있습니다. 이 빨간색 버튼을 누르시면 언제든지 지금 서 있는 안내 데스크로 돌아올 것입니다. 위험한 상황이 닥치거나 다른 여행 코스를 선택하고 싶으실 때에는 언제든 이 빨간색 버튼을 눌러 주시기 바랍니다."

"그럼 이 파란색 버튼은 어떨 때 쓰나요?"

"그 버튼의 기능은 조금 이따가 전동차에서 알려 드리겠습니다."

우리는 'KOREA'라는 글자가 선명하게 새겨진 이어폰을 꽂고 소크라테스 재판이 열리고 있는 아고라 근처 법정으로 향했다. 우리가 탄 전동차에는 주의 사항과 관광 시 꼭 지켜야 할 규칙이 여기저기 빼곡히 적혀 있었다. 뿐만 아니라 쉬지 않고 관광객의 안전을 위한 안내 방송이 흘러 나왔다.

"지금 이곳을 관광하시는 여러분은 스스로를 투명인간이라고 생각하시기 바랍니다. 여러분은 이곳의 모든 것을 볼 수 있지만, 저들은 결코 여러분을 볼 수 없습니다. 만약 실수로 저기 아테네 사람들에게 여러분의 모습이 노출된다면 큰 혼란이 일어날 것입니다. 그러니 반드시 주의해 주시기 바랍니다. 여러분이 가지고 계신 이어폰에는 두 개의 버튼이 있습니다. 빨간색 버튼에 대한 설명은 이미 들으셨지요? 문제는 파란색 버튼입니다. 만약 여러분이 실수로 혹은 의도적으로 파란색 버튼을 누르시면 그 즉시 아테네 사람들에게 노출됩니다. 파란색 버튼은 사람이 전혀 없는 곳에서 저희끼리 시간을 보낼 때만 사용하는 버튼입니다. 꼭 주의하셔야 합니다."

"와. 엄청 신기하다. 승현아, 우리 한번 시험 삼아 눌러 볼까?"

"가람이 누나는 겁도 없구나!"

"누르지 말라니까 더 누르고 싶은 이 마음은 뭘까?"

"누나, 저기 봐. 아크로폴리스다!"

전동차를 타고 얼마 가지 않아 우리 앞에 나타난 것은 아테네 시내에 우뚝 솟아 있는 아크로폴리스였다. 아크로폴리스의 '아크로(akros)'는 '높은'이라는 뜻이고, '폴리스(polis)'는 고대 그리스의 도시 국가를 뜻한다. 아크로폴리스는 원래 도시 국가 중에서 가장 높은 곳을 의미했다. 아크로폴리스는 해발 150m 높이의 평평한 언덕에 자리하고 있었고, 중심에는 파르테논 신전이 있었다. 그래서 현재 우리가 말하는 아크로폴리스는 일반적으로 아테네의 아크로폴리스로 파르테논 신전이 있는 언덕을 뜻한다.

고대 그리스 사람들은 도시에서 가장 높은 곳에 망루를 설치하고, 적을 살피거나 공격하기 위한 요새로 사용하였다. 뿐만 아니라 신전을 건설해 적의 침입을 막아 달라는 기원도 올렸다. 그만큼 고대 그리스에서는 도시 국가 간 전쟁뿐 아니라 국가 간의 전쟁도 심심찮게 벌어졌다.

특히 유프라테스 강과 티그리스 강을 중심으로 페르시아 제국을 건설한 아랍 민족은 그리스를 세 번에 걸쳐 침공했다. 그중 두 번째 전쟁이 마라톤 전쟁이다. 이 전쟁에서 아테네는 다른 도시 국가의 도움 없이 홀로 페르시아 군을 막았고, 이후 아테네는 그리스의 대표 도시 국가로 성장했다.

"누나, 저기 봐. 우리가 역사책에서 본 것처럼 대부분 사람들이 흰옷을 입고 다녀. 근데 저기는 왜 저렇게 사람이 많은 거야?"

승현이의 말이 끝나기가 무섭게 우리는 목적지인 소크라테스 법정에 도착했다. 그렇다면 저 사람들은 소크라테스 재판에 참여하기 위해서 모인 것일 테다.

"승현아, 저 사람들이 모두 오늘 재판에 배심원으로 참여할 건가 봐."

"유민이 누나. 배심원이 저렇게 많아? 게다가 전부 노인이야."

"소크라테스 재판에는 500명의 배심원이 참석했다고 전해져."

"500명이나? 그렇게 많이?"

"모르긴 해도 저쪽에 있는 사람들은 오늘 재판의 배심원 추첨에

소크라테스, 법정에 서다

1

떨어져서 참석하지 못한 사람 같은데."

승현이가 법정 밖에서 웅성거리는 사람들을 가리키며 말했다.

"그럼 재판에 참여하기 위해서 도대체 몇 명이나 온 거야?"

"우아, 진짜 많다. 근데 승현아, 넌 저 사람들이 노인인지 어떻게 알았어?"

"가람이 누나, 잘 봐. 대부분 사람들이 지팡이를 짚었고, 허리도 굽었잖아. 그리고 저기 저분은 잘 걷지도 못하잖아."

당시 아테네는 모두 10개의 행정 구역으로 나뉘어 있었다. 각 행정 구역에서는 서른 살 이상의 남자 중에서 매년 600명의 배심원단을 추첨해 선발한다. 이렇게 해서 아테네에는 매년 6000명의 배심원이 재판에 참석했다. 아테네 법정에서는 이들을 다시 600명씩 10개 분단으로 나누었다. 600명 중에 다시 각 10개의 행정 구역에서 60명씩을 뽑아 600명의 배심원단이 꾸려지고, 이렇게 함으로써 배심원이 특정 행정 구역을 돕거나 이해관계에 얽히지 못하도록 공정성을 유지했다.

아테네 법정에서는 재판 당일, 재판의 종류와 규모에 따라 추첨을 통해 배심원을 결정했다. 그 이유는 무엇보다 공정한 재판을 위해서였다. 그러나 실제는 그렇지 못했다. 배심원으로 참여하는 사람들의 불순한 목적 때문이었다.

당시 아테네의 배심원은 월급제가 아니라 일당제였다. 그런데 배심원의 하루 일당이 젊은 사람의 하루 일당보다 훨씬 적었다. 그래서 배심원으로 참여하는 사람들 중에는 노동을 할 수 없는 노인들이 많았다. 그들의 목적은 공정한 재판이 아니라 적당히 재판에 참여하고 일당을 받는 것이었다. 이런 상황 속에서 배심원 제도는 아테네 정부가 바라는 공정한 재판과 점점 멀어지고, 병폐만 더 심해질 수밖에 없었다.

"우리의 목적지 소크라테스 법정에 도착했습니다. 이미 배심원은 자리했고, 방청객들도 입장이 끝났습니다. 여러분은 방청석 맨 앞자리 특별석에 앉으시면 됩니다. 자, 모두 저를 따라 들어오세요. 다시 한 번 부탁드립니다만, 여러분은 지금 투명 인간임을 잊지 마십시오. 반드시 파란색 버튼을 주의해 주시기 바랍니다. 만약 여러분이 노출된다면 이 법정은 굉장한 혼란에 빠질 것입니다."

승무원의 안내에 따라 법정 안으로 들어가기 위해 우리는 전동차에서 내렸다. 여기저기 사람들이 모여 앉아 배심원 추첨에서 떨어진 것을 탄식하며 이야기를 나누고 있었다. 그중 어떤 사람 옷에는 노란색 페인트 자국이 묻어 있었다. 그들은 하나같이 누군가에게 화를 내며 큰소리치고 있었다.

"유민이 누나, 저 노란색 선은 뭐야?"

관찰력이 좋은 승현이가 그 광경을 놓칠 리 없다.

"승현아, 우리가 지하철 타기 전에 가장 많이 듣는 안내 방송이 뭐지?"

"생뚱맞게 갑자기 웬 지하철 안내 방송이야?"

"잘 생각해 봐. 지하철 승강장에 그려져 있는 선 말이야. 지하철 들어올 때 안전선 밖으로 나가지 말라고 안내 방송이 나오잖아. 그 선이 지금 저기 법정 앞에 있는 선과 비슷하게 생기지 않았어?"

"어어! 정말 그렇네?"

"그래, 바로 그거야. 승강장에 그려진 정지선의 기원이 아테네 법정의 저 노란색 선이거든."

"그런데 왜 저 사람들 옷에는 노란 페인트가 묻어 있지?"

"아침에 묻힌 페인트가 아직 마르지 않았나 보지! 언니, 내 말이 맞지?"

듣고 있던 가람이가 내 말을 거들었다. 맞는 말이지만 보충 설명이 필요하다. 아테네에는 배심원 후보자가 많아 법정에서는 결국 추첨을 통해 배심원을 정할 수밖에 없었다. 하지만 모두가 하루 수당을 벌기 위해서 나온 사람들이기 때문에 어떻게든 배심원으로 추첨되기를 원했다. 그러다 보니 재판장은 항상 질서 없이 혼란스러웠고, 그것을 막기 위해 만들어진 것이 노란색 선이었던 셈이다. 법정 앞에 노란색 선을 긋고 더 이상 사람들이 접근하지 못하도록 막았고, 노란색 선을 칠할 때 쓰인 페인트가 옷에 묻은 사람에게는 그날의 추첨권을 박탈했다. 질서를 지키지 않는 사람에게 내리는 일종의 벌 같은 것이었다.

"아하, 그래서 저 사람들이 서로 화를 내는구나. 자신의 잘못이 아니라 다른 사람이 밀었기 때문에 노란 페인트가 묻게 되었다고."

"가람이 누나, 화도 날 만하겠다. 그렇지?"

"야, 그러면 늦게 온 사람이 최고겠다! 뒤에서 확 밀어 버리면 앞에 있는 사람 모두 실격 처리되잖아."

가람이 말대로 실격자가 많으면 추첨에서 당첨될 확률도 높아지니 그런 생각을 할 수도 있겠다. 화난 사람과 추첨에서 탈락한 사람들의 넋두리를 뒤로하고, 우리는 안내원 언니를 따라 법정 안으로 들어갔다. 재판이 열리기도 전에 여기저기서 웅성거리는 소리가 들렸다.

"유민이 누나, 저 사람들이 모두 배심원이야? 그런데 배심원 수는 어떻게 정해지는 거야?"

"내가 알기론 고대 그리스의 아테네에서는 크게 두 종류의 재판이 있었다고 해."

"두 종류의 재판?"

"응. 하나는 개인과 개인 간의 재판이고 다른 하나는 국가와 개인 간의 재판이었어."

"개인과 개인 간의 재판이면 오늘날 민사소송과 같은 것이고, 개인과 국가 간의 재판은 형사소송 같은 건가?"

"그렇게 보면 될 거야. 아테네 사람들은 그것을 각각 '송사'와 '공사'라고 표현했어. 송사의 경우는 개인과 개인의 소송으로 200명 내지 400명의 배심원이 참여하는 재판이고, 공사는 개인과 국가 간의 소송으로 500명의 배심원이 재판에 참여했어."

"배심원이 정말 많았구나. 그런데 배심원이 그렇게 많으면 피고나 원고는 기가 죽어서 재판에서 어디 제대로 말이나 하겠어? 아테네 사람들 정말 웃긴다."

웃기는 일은 그것으로 끝나지 않는다. 원고가 먼저 소송 이유에 대해서 3시간 정도 설명을 하고, 다음으로 피고가 3시간에 걸쳐 변론을 한다. 이 3시간 안에 원고와 피고의 진술이나 변론 그리고 의무적인 대답까지도 모두 포함되었다. 필요하다면 배심원의 심문도 피고에게 주어진 시간 안에 포함시켜야 했다. 그래서 피고가 변론하는 데 시간이 부족한 경우도 있었다고 한다. 재판은 반드시 하루 만에 끝내야 하기 때문에 원고와 피고에게 주어진 시간은 철저하게 물시계로 측정하며 진행되었다.

배심원은 1차 투표로 죄의 유무를 가렸다. 배심원은 투표를 하러 법정에 입장할 때 지름 5cm 정도의 청동 원반을 두 개씩 지급받았다. 두 개의 원반 중 하나는 중앙에 구멍이 뚫렸는데 이는 원고를 위한 것이고, 중앙에 구멍이 없는 청동 원반은 피고를 위한 것이다. 이 원반을 담을 항아리도 두 개인데 하나는 청동 항아리고 다른 하나는 나무 항아리다. 투표 결과는 청동 항아리 속의 청동 원반만 가지고 결정한다. 즉 청동 항아리 속의 청동 원반은 유효표이고, 나무 항아리 속의 원반은 무효표로 처리한다.

"언니, 배심원이 500명이면 짝수니까 원고 표와 피고 표가 똑같이 나올 수도 있겠네? 그때는 어떻게 되는 거야?"

"동수가 나오면 피고에게 유리하게 결정해. 즉 무죄로 인정하는 거야."

"누나, 그러면 아테네에 어떤 형벌이 있었어? 지금처럼 '징역 몇 년을 선고합니다.' 이런 식으로 판결했다는 거야?"

"그렇지는 않았어. 당시 아테네에는 징역형이 없었어. 형벌의 종류로 벌금형, 재산 몰수형, 시민권 박탈, 그리고 사형만 있었지."

"그래서 도편추방 같은 것이 있었구나."

"승현아, 도편추방은 징역형과는 조금 달라. 죄 지은 사람을 재판을 통해 추방하는 것이 아니라 독재를 할 위험이 있다고 판단되는 정치가를 아테네의 모든 시민이 투표해 10년간 나라 밖으로 추방하는 제도야."

아테네의 사법 제도가 합리적이면서도 복잡하고, 때론 비합리적이기도 하다는 말이 이래서 생겨났나 보다. 재판에서는 배심원을 통해 청동 원반으로 죄의 유무에 따라 형이 결정된다. 그러나 도편추방은 배심원이 아니라 아테네 시민 모두가 참여해 결정한다. 도편이란 도자기가 깨어진 조각이다. 독재를 할 수 있는 정치가라고 판단되면 도편에 이름을 적어 그 수가 6000이 넘으면 다른 나라로 추방한다. 처음에는 시민을 위한 좋은 제도로 이용되었지만, 훗날에는 서로가 적이라고 판단되는 정치가를 밖으로 몰아내기 위한 수단으로도 종종 쓰였다고 한다. 일반 재판과는 다르게 도편추방은 벌을 받은 사람의 명예나 시민권, 재산권 등을 빼앗거나 벌금을 물지도 않는다. 단지 국내 정치에 관여하지 못하게 국외로 추방하는 것뿐이다. 이것이 재판과 도편추방의 차이점이다.

"아, 그렇구나. 언니, 그러면 도편추방과 일반 재판으로 받는 형벌 중에 어떤 게 더 강도가 센 거야?"

"글쎄, 잘 모르겠네. 가람아, 네 생각은 어때?"

벌금을 낼 정도의 가벼운 죄라면 징역을 사는 것보다는 단연 강도가 약한 벌일 것이다. 그러나 재산을 몰수당하거나 시민권을 박탈당하고 다른 나라로 추방된다는 것이 징역형보다 더 좋다는 보장은 없다. 승현이와 가람이가 도편추방의 예까지 들어 가며 고대 아테네의 형벌 제도에 대해 이야기하는 동안, 웅성거렸던 법정이 조용해지기 시작했다. 재판이 곧 시작되려나 보다.

"저 사람이 소크라테스야?"

"응, 승현아, 저 사람이 그 유명한 소크라테스야."

승현이의 질문이 무엇을 뜻하는지 잘 안다. 이제는 전 세계적으로 유명한 소크라테스인 만큼 아주 멋있는 모습으로 등장하리라 생각했을 것이다. 그러나 실제 소크라테스의 모습은 그렇지 않았다. 평생 검소한 생활과 가난한 삶을 이어 온 그였다. 그러니 초라한 행색이 오죽하겠는가!

뭉뚝한 코와 붕어처럼 튀어나온 눈, 균형이 맞지 않는 큰 얼굴, 불룩한 배와 땅딸막한 키까지 누가 봐도 거지 모습 그대로였다. 더욱이 그가 입고 있는 '키톤'이라 불리는 허름한 옷은 소매가 없는 원피스처럼 생겨 오른쪽 어깨가 훤히 드러났다.

이러한 모습에서 우리가 어떻게 그 위대한 소크라테스를 알아보겠는가! 호감은커녕 혐오감만 일으키는 모습이지만 한번 그와 이야기를 나눈 사람은 그의 성품과 인격, 해박한 지혜에 매료되었다고 한다. 과연 소크라테스는 꼭 한번 만나서 이야기를 나누고픈 매력적인 인물이었을까? 순간 파란색 버튼을 눌러 그에게 달려가 인사를 하고 싶은 충동을 느꼈지만 꾹 참았다. 두근두근. 드디어 소크라테스의 재판이 시작되려는 순간이다.

너 자신을 알라

2

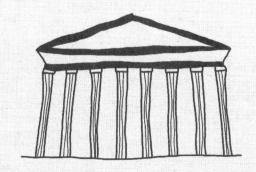

집정관 모두들 조용히 해 주십시오. 오늘 우리가 여기에 모인 이유는 소크라테스가 지은 죄를 재판하기 위해서입니다. 소크라테스를 고발한 사람은 예술가 아니토스, 비극 시인 멜레토스, 그리고 웅변가 리콘입니다. 오늘 이 자리에선 아테네 시민의 대표자인 멜레토스가 고소장을 읽어 주겠습니다. 먼저 멜레토스는 소크라테스를 어떤 죄로 고소하였는지 말해 주시기 바랍니다.

멜레토스 존경하는 배심원 여러분, 저는 오늘 다른 친구들을 대표해서 소크라테스를 고발합니다. 우리는 크게 두 가지 죄목으로 소크라테스를 고발하려고 합니다. 첫 번째는 소크라테스가 아테네의 젊은 이들을 타락시킨 죄입니다. 두 번째는 그가 아테네가 믿는 신을 믿지 않고 자기만의 신인 다이몬을 믿은 죄입니다.

"누나, 소크라테스는 국가가 믿는 신을 믿지 않았어?"

"그래, 맞아. 멜레토스를 비롯한 몇몇의 아테네 사람들은 소크라테스가 도시 국가 아테네가 정한 신을 믿지 않는 무신론자라고 고발했어. 그래서 국가와 소크라테스 간 소송이 된 거야. 그래서 민사 소송과 다르게 저렇게 많은 배심원이 몰려온 거지."

"그런데 언니, 재판을 진행하는 사람은 지금으로 보자면 판사랑 비슷한 거야?"

"아니, 당시에 판사는 없었어. 저 사람은 단지 재판을 진행하는 '집정관'인데, 오늘로 말하자면 일종의 진행자이자 사회자라고 할 수 있지. 재판에는 전혀 관여하지 않고 진행만 담당해."

"누나, 그럼 저 사람도 배심원이랑 똑같이 죄의 유무를 정하는 투표에 참가해?

"아니야. 투표는 배심원만 할 수 있어. 저 사람은 투표에도 관여하지 않아."

"오늘날 서양의 재판을 생각하면 쉽게 이해할 수 있을 거야. 배심원의 결정에 따라 판사는 형량만 정하지. 우리나라에서도 얼마 전부터 부분적으로 시민참여재판을 시행하고 있지? 판사는 국가 소속이지만 배심원은 국가 소속이 아니라 시민 편에서 단지 죄의 유무만을 판결하잖아."

"아하, 알겠다. 국가는 어떤 재판에도 참여하지 않고 모든 것은 시민들에게 맡긴다는 것이 아테네 정부의 생각이구나."

집정관 소크라테스는 멜레토스의 고소 사실을 모두 인정합니까?

소크라테스 어디 한번 생각해 봅시다. 젊은이를 타락시켰다는 것과 아테네가 믿는 신을 믿지 않는다는 것이 저의 죄라고 멜레토스는 말했습니다. 이것에 대한 답변이나 변론을 하기에는 시간이 조금 걸릴 것 같군요. 먼저 제 얘기부터 좀 들어 보시겠습니까?

소크라테스는 멜레토스의 고소 내용에 응답하지 않고, 자신의 말부터 들어 보라고 한다. 평생 친구와 제자를 이끌며 아테네 사람들에게 참된 진리가 무엇인지를 가르치려고 했던 소크라테스이다. 그런데 그 소크라테스가 오히려 젊은이를 타락시켰다는 죄목으로 법정에 서게 되었다. 왜 하고 싶은 말이 없겠는가.

소크라테스 여러분도 아시다시피 제 아버지는 조각가셨습니다.

이오디투스 그게 무슨 상관이야? 당신 아버지가 조각가인 줄 모르는 사람, 아테네에 아무도 없어! 어머니가 산파였다는 얘기도 하지? 왜 아버지 얘기만 해?

스크루풀루스 아버지와 어머니를 팔아 동정을 구하겠다는 거야 뭐야?

리사니아스 자자, 조용히들 합시다. 소크라테스가 하는 얘기를 들어봐야 할 것 아니에요. 왜들 소크라테스를 험담만 합니까? 저분은 훌륭한 분이라고요.

집정관 방청객 여러분은 조용히 해 주십시오. 지금은 소크라테스의 말을 들을 시간입니다. 다들 조용히 해 주세요.

소크라테스가 아버지에 대해 입을 열자 여기저기서 야유와 함께 소크라테스를 비난하는 소리가 터져 나왔다. 다행인지 불행인지 소크라테스를 옹호하는 목소리도 만만치 않자, 결국 집정관이 재판의 진행을 위해 모두에게 조용히 해 줄 것을 당부했다. 법정은 잠잠해졌고, 집정관이 다시 입을 열었다.

집정관 소크라테스가 말하는 동안 심한 욕설이나 재판에 방해되는 말을 하는 사람은 원활한 재판 진행을 위해 법정에서 퇴장시킬 수도 있으니 그렇게 아시고 협조해 주시기 바랍니다. 소크라테스는 말씀을 계속하십시오.

소크라테스 아버지뿐 아니라 나의 조상은 대대로 유명한 조각가였습니다. 나 또한 아버지의 뒤를 이어 역시 조각가가 되려고 했지요. 그러다 어느 날 제 인생을 송두리째 바꿔 놓은 친구 한 명을 만났습니다. 여러분도 잘 아시다시피 나에게는 아주 친한 친구 한 사람이 있습니다. 바로 카이레폰입니다.

소크라테스와 카이레폰, 이 두 사람의 사이는 도저히 떼려야 뗄 수 없는 관계다. 카이레폰은 소크라테스에게 새로운 길을 열어 주었다. 그리고 그 길의 끝은 여기 이곳, 법정이다.

소크라테스 카이레폰은 보잘 것 없는 저를 유명한 사람이 되게 이끌어 주었습니다. 그 친구 덕분에 전 오늘 이 자리에 서게 되었지요. 그가 없었다면 아마도 전 지금쯤 아버지의 뒤를 이어 아크로폴리스에서 조각을 하고 있었을 것입니다. 어느 날 카이레폰은 한 가지 목적을 갖고 델포이를 찾았지요. 카이레폰을 만나기 이전에 저는 제가 그저 평범한 사람이라고 생각했습니다. 하지만 카이레폰의 생각은 달랐습니다. 카이레폰은 제가 아테네의 어떤 누구보다 뛰어난 능력을 가진 사람이라고 여겼던 것 같습니다. 그는 나와 함께 델포이로 가 아폴론 신전의 여사제인 피티아에게 '소크라테스보다 더 현명한 사람이 있습니까?' 하고 물었지요.

방청객에서는 여기저기에서 수군대는 소리가 들렸다. 또 지긋지긋한 소크라테스의 자화자찬이 시작되었다고 투덜대는 사람부터 그래도 소크라테스는 신탁을 받은 사람이니 그의 말을 무시해서는 안 된다고 경고하는 사람까지. 그를 옹호하거나 비판하는 사람들이 저마다 한마디씩 거드느라 법정은 다시 소란스러워졌다.

"신탁? 누나, 그게 뭐야?"

"응, 신탁이라는 말은 신이 인간을 매개로 해서 그의 뜻을 전달하는 행위야. 인간이 신에게 질문을 하면, 신은 그에 대한 답을 줄 때 질문한 사람에게 직접 하지 않고, 인간과 신의 중간 매개자인 또 다른 인간을 통해서 전달했거든. 고대 아테네에서 매개자 역할을 한 사람이 바로 아폴론 신전의 여사제, 피티아야."

"아, 그럼 델포이는 어떤 곳이야?"

"원래 델포이의 옛 지명은 '피토'였어. '피톤이 지배하는 땅'이라는 뜻이지. 승현이도 신화에 관심이 많으니 알 거야. 만물의 어머니이자 대지의 여신 가이아(Gaia)라고 들어 봤지? 피톤은 가이아의 아들이지. 빛의 신이자 질서의 수호신인 아폴론은 피톤을 죽이고 이곳을 차지했고, 이 땅에 '델포이'라는 이름을 붙였어."

신화 이야기를 꺼내니 승현이와 가람이의 눈이 초롱초롱 빛났다. 아폴론 이야기가 나오자마자 이미 잘 알고 있는 내용이라는 듯 봇물 터지듯 말을 이어 간다. 아폴론은 피토를 델포이라는 이름으로 바꾸었지만 인간에게 예언할 때 무녀인 피티아를 통해 전달하는 방식은 그대로 유지했다.

집정관 카이레폰이 피티아를 통해 들은 신탁의 내용을 모르는 사람은 아테네에 아무도 없을 것입니다. 하지만 확인하는 차원에서 피고인 소크라테스는 카이레폰이 신탁으로 들은 말을 다시 한 번 여기서 말해 주겠습니까?

소크라테스 카이레폰은 신전을 찾아 이렇게 물었지요. '정말로 소크라테스보다 지혜로운 사람은 없습니까?' 이 물음에 대한 신의 답은 아주 간단했습니다. '없다.' 그렇습니다. 여러분도 잘 알고 있듯이 신은 분명 피티아의 입을 통해 없다고 말했습니다. 그 말을 전해 들은 저는 카이레폰이 잘못 들었거나 신관이 잘못 전달했을 것이라고 생각했습니다. 그래서 다시 한 번 카이레폰에게 물었습니다. 하지만 카이레폰은 단호했습니다. 카이레폰도 신관을 통해 한 번 더 확인했지만 대답은 같았습니다.

"그런데 누나, 카이레폰이 신탁소를 찾는 동안 소크라테스는 뭘 한 거야?"

"승현아, 혹시 '그리스의 7현인'이라고 들어 봤어?"

"응. 들어 봤지. 현명한 사람들을 일컫는 말이지?"

"응, 맞아. 아폴론 신전이 델포이에 완공되었을 때, 고대 그리스 시대에 가장 지혜롭기로 소문난 7명이 델포이를 찾았거든. 아폴론 신전의 원로 사제들은 최고의 격식과 대접으로 그들을 맞았지. 그리고 그들에게 각자의 좌우명을 아폴론 신전에 새겨 달라고 부탁했대. 그중에 하나가 뭐였게?"

"그걸 내가 어떻게 알아, 누나."

"바로 '너 자신을 알라'였어."

"엇, 그건 소크라테스가 한 말 중에서 가장 유명한 말이잖아."

"맞아. 하지만 그건 소크라테스가 한 말이 아니야."

"그래? 그럼 누군데?"

"7현인 중에 한 사람이자 스파르타의 유명인이었던 킬론의 좌우명이 바로 '너 자신을 알라'였대. 킬론이 아폴론 신전 입구 현관 정문에 자신의 좌우명을 새겨 둔 거야."

"그렇다면 카이레폰이 신탁소에서 신탁을 받는 동안 소크라테스는 킬론의 좌우명을 보고 그것을 자신의 좌우명으로 삼은 거야?"

그렇다. 소크라테스는 카이레폰과 함께 아폴론 신전을 찾았지만 처음부터 신탁에는 관심이 없었다. 그는 7현인이 남긴 좌우명을 하나하나 살핀 다음 가장 마음에 드는 하나를 골랐다. 그것이 바로 '너 자신을 알라.'라는 킬론의 말이었다. 소크라테스가 이렇게 신전 외곽을 돌며 7현인이 남긴 좌우명을 구경하고 있는 동안 카이레폰은 아폴론 신전 안에 있는 신탁소를 찾았다.

델포이 사람들은 아폴론 신전을 지을 때 신전 맨 뒤쪽에 신탁소를 만들었다고 한다. 이 신탁소는 세 개의 방으로 이루어져 있었다. 가장 안쪽에 있는 방에 무녀 피티아가 앉아 있었다. 피티아는 세 개의 다리를 가진 의자에 앉아 있는데, 한 손에는 물이 담긴 접시를 다른 한 손에는 올리브 나뭇가지를 들고 있다. 중간 방에는 신관이 있었고, 세 번째 방에는 미래가 궁금한 사람이 들어갔다. 미래가 궁금한 사람이 신관에게 질문을 하면, 신관은 곧장 무녀에게 그 질문을 전한다. 그럼 무녀는 아폴론 신에게 물어본다. 이때 무녀의 접시에 무엇인가 비치고 올리브 나뭇가지가 흔들리며 소리가 난다. 무녀는 접시에 비친 모습이 아폴론이 예언한 말이라 여기고, 올리브 나뭇가지에서 나는 소리는 아폴론의 목소리라고 믿는다. 무녀는 그 소리를 그대로 신관에게 들려준다. 무녀의 말을 들은 신관은 미래가 궁금한 사람에게 무녀의 말을 그대로 전달한다. 이때 무녀의 말을 알아들을 수 있는 사람은 신관뿐이다.

소크라테스 카이레폰에게서 제가 가장 지혜로운 사람이라는 것을 전해 들었을 때, 제가 할 수 있는 것은 무엇이었을까요? 여러분이 저라면 어떻게 하셨겠습니까?

디오볼루스 아무리 자기가 신탁을 받았다고 그렇게 건방지게 행동하면 안 되지!

푸르토스 자기가 정말로 가장 현명한 사람으로 착각한 것 아니야?

소크라테스 여러분이 어떻게 생각하든 나는 카이레폰의 말을 믿었습니다. 왜냐하면 그것은 카이레폰의 말이 아니라 신의 말이었기 때문입니다. 하지만 카이레폰이 전달한 말이었기 때문에 확인이 필요했습니다. 그래서 나는 아테네에서 지혜롭다고 생각하는 사람을 찾아가서 그들이 나보다 더 지혜롭다는 것을 증명하고자 했습니다. 카이레폰이 들은 말이 잘못되었다는 것을 확인하고 싶었던 것이죠. 여러분은 아테네에서 지혜로운 사람들이 누구라고 생각하시나요?

디오볼루스 우리가 지혜롭다고 칭송하는 사람들은 당연히 예술가, 정치가, 시인 등이지, 소크라테스 당신은 아니야.

푸르토스 물론이지, 소크라테스는 아니고말고!

소크라테스 그렇습니다. 나도 그렇게 생각합니다. 그래서 나는 그들을 찾아가 내가 알고 싶은 것을 물었습니다. 그러나 그들은 대답을 하지 못했습니다.

디오볼루스 그럼, 그들이 소크라테스 당신보다 지혜롭지 못하단 말이야? 그건 말도 안 되는 소리야. 그럴 리가 없잖아?

소크라테스 물론 그럴 리가 없지요. 그들이 나보다 지혜롭다는 건 틀림없습니다. 그러나 사람은 모르는 것이 있을 수 있습니다. 하지만 그들은 모르는 것에 대처하는 방식이 나와 달랐습니다. 저는 모르는 것을 모른다고 말할 수 있습니다. 그러나 그들은 모르는 것을 절대로 모른다고 하지 않았지요. 오히려 그들은 모든 것을 아는 체했습니다. 심지어 모르는 것도 아는 것처럼 여겼습니다. 이것이 그들과 나의 큰 차이였습니다.

스투피두스 그게 어떻다는 거야? 그들처럼 지혜로운 사람이 어떻게 당신 같은 사람에게 모른다고 말하겠어? 그것은 자존심 문제라고.

소크라테스가 하는 말에 방청객은 하나같이 화를 냈다. 법정은 점점 소란해졌고, 집정관은 계속 소란스럽게 하는 사람은 퇴장시키겠다며 소리쳤다. 가까스로 법정은 다시 조용해졌다.

소크라테스 여러분들은 카이레폰이 아폴론 신전 안에서 신탁을 받는 동안 내가 신전 밖을 돌며 무엇을 했는지 알고 있죠? 그때 내가 본 것은 바로 '너 자신을 알라.'라는 킬론의 좌우명이었습니다. 그리고 나는 그 말을 나의 좌우명으로 삼았습니다. 최소한 나 자신은 알아야 된다는 것이 나의 생각입니다. 나 자신을 안다는 것은 무엇일까요? 그것은 바로 내가 알지 못하는 것을 인정하는 것입니다. 모르는 것은 모른다고 말하는 것입니다. 나는 최소한 내가 모르는 것은 모른다고 말할 줄 압니다. 그러나 내가 만난 많은 지혜로운 사람들은 자신이 무엇에 대해서 알지 못하고 있다는 것에 대해 부끄럽게 여기고 민망해했습니다. 그래서 그들은 결코 모른다는 말을 하지 않았습니다. 그것이 그들과 나의 차이였습니다.

알라우도스 모르는 게 아니라 굳이 안다고 얘기하지 않은 거겠지.

이디오투스 우리가 지혜롭다고 생각하는 현인들이 모르는 것이 있을 수가 없지. 말이 돼?

디오볼루스 지혜로운 사람이 자신이 모르는 걸 굳이 밝히려 드는 것도 그리 자연스럽지는 않잖아.

소크라테스와 그를 비난하는 자들의 대화를 듣고 있으니 소크라테스가 인용한 '너 자신을 알라'가 어떤 의미인지 어렴풋이 알게 됐다. 내 자신을 알라는 것이 아니라 내가 알지 못하는 것에 대해서는 알지 못한다고 말하고, 아는 것에 대해서는 안다고 말할 줄 아는 것. 그것이 소크라테스가 주장한 앎의 의미였다. 하지만 보통 사람들은 결코 모르는 것을 모른다고 말하지 못하지 않는가. '너 자신을 알라.' 이것 하나만 확실히 알고 실천해도 타임머신을 타고 먼 고대 그리스까지 온 보람이 충분히 있다고 생각했다. 승현이와 가람이도 나처럼 생각하고 있을까? 그랬으면 좋겠다.

3

돌 속에 숨은 비밀

소크라테스의 재판이 무르익어 갈 무렵이었다. 우리는 재판 과정을 지켜보는 게 조금 지루해졌다. 소크라테스의 변론보다 방청석에서 그를 옹호하는 사람들과 비난하는 사람들의 말싸움이 더욱 크게 들리는 듯했다. 법정 안의 지루한 다툼에 지쳐 갈 무렵, 처음으로 여행 일정을 바꾸고 싶다는 충동에 휩싸였다. 하지만 소크라테스의 재판이 어떠한 과정을 거쳐 결론이 날지 한순간도 놓치고 싶지 않다는 열망도 포기할 수 없었다.

"가람아, 승현아. 우리 잠깐 바람 좀 쐬고 오지 않을래?"

"응, 누나. 여기 좀 답답하다."

"언니, 아까 내가 안내 데스크에서 잠깐 훑어봤는데 다른 여행 테마들도 굉장히 흥미로웠어."

"뭐가 있었는지 기억나?"

"잘은 기억 안 나는데 그중에 소크라테스의 어린 시절이라는 테마가 있었어!"

"에? 그럼 우리가 지금보다 더 과거로 가는 거잖아?"

승현이의 말이 끝나기가 무섭게 나는 충동적으로 빨간색 버튼을 눌러 버리고 말았다. 눈 깜짝할 사이에 우리는 안내 데스크에 도착해 있었다. 도착하자마자 우리는 여행 코스 메뉴판을 다시 펼쳐들었다.

아테네 여행 제2코스

장소 소크라테스의 집

테마 소크라테스의 어린 시절

가람이가 말한 대로 아테네 여행 2코스의 테마는 소크라테스의 어린 시절이었다. 승무원에게는 잠시 2코스에 들렀다가 다시 1코스의 재판 현장으로 돌아오게 해 달라고 간곡하게 부탁했다. 승무원은 크게 어렵지 않다며 우리를 새로운 장소로 안내했다.

우리가 소크라테스의 집에 도착하자마자 마주한 건 두 명의 남자였다. 수염이 덥수룩한 중년의 남자는 손에 정과 망치를 들고 열심히 큰 돌을 쪼고 있었다. 바닥에는 깨어진 돌조각이 여기저기 흩어져 있다. 그 옆에 남자의 아들로 보이는 소년이 있었다. 소년은 돌조각에 찔릴 것처럼 위태로워 보이지만 전혀 아랑곳하지 않고 아빠가 하는 일을 유심히 관찰하는 중이다. 중년의 남자는 소크라테스의 아버지 소프로니코스이고, 소년은 어린 시절의 소크라테스라는 안내원의 멘트가 어딘가에서 흘러나왔다.

소크라테스 아빠, 돌 속에 어떤 신이 숨어 있는지 어떻게 아세요?
소프로니코스 응, 돌 속을 깊이 관찰해 보면 알 수 있단다.
소크라테스 그럼, 이 돌 속에는 어떤 신이 숨어 있어요?
소프로니코스 어디 좀 보자. 옳거니! 이 돌 속에는 승리의 신인 니케가 숨어 있네!

소프로니코스는 돌 속에 무슨 신이 숨어 있는지 찾아내려고 돌을 여러 각도에서 요리조리 관찰하고는 금방 신을 찾아냈다는 듯 말했다. 그러고는 이내 다시 돌을 조각했다. 망치로 정 두드리는 소리가 아크로폴리스에 가득 울려 펴졌다. 얼마 후 소프로니코스는 돌 속에서 니케를 찾아냈다는 듯 빙그레 미소 지었다.

그는 새로운 돌 하나를 다시 집어 들었다. 하지만 소크라테스는 무엇이 들어 있는지 더 이상 묻지 않았다. 아무 말도 하지 않고 어떤 작품이 완성될까 무척 궁금해하면서 묵묵히 아버지의 작업이 끝나기를 기다렸다. 아버지 또한 소크라테스가 무엇을 궁금해 하는지 알지만 말하지는 않는다. 그저 묵묵히 작업을 계속할 뿐이다.

"누나, 근데 조각 중에서 크기가 큰 작품들은 몇 달이 걸려 완성되잖아. 소크라테스는 계속 그렇게 아버지 옆에서 기다렸을까?"

"그건 나도 모르지. 하지만 소크라테스는 아버지가 돌 속에 들어 있는 어떤 신을 조각을 통해 끄집어낸다고 생각했을 거야. 그리고 아버지가 무엇을 끄집어내는지 궁금증을 풀기 위해 오랫동안 저렇게 가만히 옆에서 기다려야 했을 거고."

"정말 대단한 끈기다. 승현이 너는 그렇게 할 자신 있어? 난 못할 것 같은데."

"에이, 저게 뭐 그렇게 어렵다고!"

"너 정말 몇 달 동안 꼼짝하지 않고 조각하는 사람 옆에서 기다릴 자신 있어?"

"가람이 누나가 나를 아주 무시하네. 나는 꽤 인내심 강한 사람이라고."

아크로폴리스에 조각되어 서 있는 작품의 크기는 어마어마하다. 그 큰 작품을 완성시키는 데 걸리는 시간도 만만찮았을 것이다. 물론 소크라테스 아버지가 그 작품을 모두 다 조각한 것은 아니지만 소크라테스는 아버지가 어떤 작품을 만드는지 구경하며 옆에 서 있었을 것이다. 어떤 작품을 만드느냐가 아니라, 돌 속에 어떤 신이나 여신이 숨어 있는지를 확인하기 위해서 아버지 곁을 떠나지 않았던 것이다.

소크라테스 아빠, 이 돌 속에는 아테나 여신이 있죠?

소프로니코스 우리 아들도 이제 돌 속에 어떤 신이 있는지 금방 아는데? 어떻게 알았어?

소크라테스 돌 속에 들어 있는 것을 아버지만 보실 줄 아는 것이 아니라 이제 저도 볼 수 있다고요. 사실 파르테논 신전을 짓는다기에 그냥 해 본 소리예요. 그런데 정말 맞을 줄이야. 아빠가 또 돌 속에 있는 아테나 여신을 찾아내셨네요.

아버지의 부지런한 손놀림으로 어느 정도 조각이 윤곽을 드러내자 어린 소크라테스는 자신 있게 말했다. 그리고 그것이 맞았다고 말하니 소크라테스는 흐르는 땀을 팔뚝으로 스윽 문지르며 활짝 웃었다. 며칠간 조각하시는 아버지 옆을 지킨 보람이 있었다.

소프로니코스 아들아, 아빠가 너에게 한 가지 비밀을 말해 줘야겠다.

소크라테스 비밀이요?

소프로니코스 그래, 비밀.

소크라테스 그게 뭔데요?

소프로니코스 사실 아빠는 이 돌 속에 무엇이 들어 있는지 모른단다.

소크라테스 하지만 아빠는 돌을 요리조리 살피시고, 돌 속에 무엇이 들어 있다고 말씀하시고, 그것과 같은 것을 찾아냈잖아요.

소프로니코스 그랬지.

소크라테스 그런데 돌 속에 무엇이 들어 있는지 모르신다니요? 이해가 안 돼요.

소프로니코스 아빠가 돌 속에 무엇이 들어 있는지를 알고 찾아낸 것이 아니라, 단지 아빠는 돌의 상태를 살핀 다음 아빠 머리에 떠오르는 생각을 조각한 거야.

소크라테스 그럼 아빠가 원하는 것을 먼저 생각하고 조각을 했다는 말씀인가요?

소프로니코스 그렇단다. 소크라테스야, 조각이 무엇인지 알지?

소크라테스 네, 큰 돌이나 나무를 다듬어 원하는 것을……. 아하, 그렇구나. 원하는 것을 다듬는 거지. 원하는 것을 찾아내는 것이 아니라는 말씀이시군요.

소프로니코스 그렇지. 하지만 분명한 것은 필요 없는 것을 쪼아내 버리는 것이란다. 즉 불필요한 것을 버린다는 것, 그것이 중요하단다.

소크라테스 그렇다면 조각에서 가장 중요한 것은 불필요한 것을 버리고 꼭 필요한 것을 남기는 것이군요. 그것 또한 조각의 비밀인가요? 아니면 조각가만의 비밀인가요?

소프로니코스 비밀? 그러고 보니 그것도 비밀이네. 조각가가 돌이나 나무라는 재료를 얼마나 잘 다루느냐에 따라 좋은 작품이 나오기도 하고 나쁜 작품이 나오기도 하니 말이야. 우리 아들 제법인데?

소크라테스 아버지 옆에 있으니 저도 도가 텄나 봐요. 하하하.

우리는 지금 소크라테스의 조각술이 태어난 현장을 목격하고 있다. 조각술은 소크라테스가 아버지를 따라다니며 터득한 그만의 철학 방법이었다. 조각이란 형상을 드러내기 위해 필요한 것은 남기고 불필요한 것을 버리는 행위다. 조각술은 소크라테스 대화법의 주요한 기법이 되었다. 같은 재료를 가지고 같은 조각을 해도 그것을 조각하는 조각가마다 다른 작품을 만든다. 어떤 사람은 좋은 작품을, 어떤 사람은 실패작을 남기듯이 그가 생각하는 대화 또한 마찬가지였다.

"누나, 그런데 소크라테스 어머니는 직업이 뭐였다고 했지?"

"가람아, 그새 까먹었구나. 소크라테스의 어머니는 산모가 아이를 낳을 때 아기를 받는 산파였어."

"산파? 그럼 소크라테스 대화법의 산파술은 어머니로부터 배운 거야?"

"오, 역시 우리 승현이는 참 똑똑하다니까!"

옛날에는 아기를 병원이 아닌 집에서 낳았다. 이때 산모가 아기를 아무 탈 없이 낳을 수 있게 도와주었던 사람이 바로 산파다. 아기가 엄마 배 속에서 자라는 동안 산파가 하는 일은 아무 것도 없다. 그러나 아기가 태어나려는 순간, 산파는 산모가 무사히 아기를 낳을 수 있도록 돕는 중요한 역할을 한다.

소크라테스는 어머니가 산모를 앞에 두고 마냥 기다리는 것을 지켜보았다. 하지만 아기가 나올 때가 되었다고 판단한 순간 어머니의 손길은 한 치의 어김도 없이 분주히 움직였고, 아이들은 항상 무사히 태어났다.

이러한 조각가인 아버지와 산파인 어머니가 하는 일은 소크라테스에게 감동 그 자체였다. 소크라테스는 아버지와 어머니가 일하는 모습을 보면서 누군가에게 꼭 필요한 사람이 되자고 결심했는지 모른다.

소크라테스는 어머니의 일을 옆에서 지켜보며 아기가 태어나는 과정과 지식이 탄생하는 순간이 비슷하다고 생각했다. 산파는 산모가 아이를 잘 낳을 수 있도록 도움을 준다. 마찬가지로 자기도 다른 사람들이 지혜를 낳을 수 있도록 옆에서 도움을 준다는 것이다.

소크라테스는 친구나 제자들이 말할 때 주로 듣기만 했다. 가만히 듣고 있다가 그들이 한 말 중에 필요 없다고 판단되는 내용은 버리고, 필요한 내용만을 가르쳐 주었다. 어떤 말을 해야 할지 단어를 못 찾거나 어떻게 정리해야 할지 몰라 쩔쩔매는 친구와 제자에게 약

간의 도움을 주었을 뿐이다. 산파가 아이를 받는 것처럼 소크라테스는 그들이 말하는 것을 묵묵히 듣다가 결정적인 순간에 그들이 지혜를 낳을 수 있도록 도움을 줬다. 이것이 바로 소크라테스 대화법의 산파술이었다.

4

구름 속에서 노니는 소크라테스

아테네 제2코스 '소크라테스의 어린 시절' 여행이 끝난 뒤 우리는 다시 빨간색 버튼을 눌러 안내 데스크로 돌아왔다. 소크라테스 대화법의 기본이 되는 조각술과 산파술이 탄생하게 된 순간을 목격하고 나니, 우리는 다시 그를 만나고 싶어졌다. 지금쯤 재판은 어떻게 진행되고 있을까. 소크라테스는 재판정에서 어떤 판결을 받게 될까. 나는 이미 책을 통해 정답을 알고 있지만, 가람이와 승현이는 아직 그의 최후를 알지 못하는 것 같다. 둘의 성화에 못 이겨 우리는 다시 소크라테스의 재판이 열리고 있는 법정으로 가기로 했다. 도착하자마자 우리를 맞은 건 격앙된 목소리로 자신을 변론하고 있는 소크라테스였다.

소크라테스 지금부터 저를 야유하는 사람들은 잘 듣기 바랍니다. 많은 사람들이 내가 아테네의 젊은이를 타락시켰다는 헛소문을 퍼뜨리고 있습니다. 이제부터 제가 하는 말을 들으면 지금 여러분이 가진 저에 대한 오해가 싹 풀어질 것입니다.

데스페란스 당신이 아테네 청년을 타락시킨다는 게 오해라고? 당신은 천하의 나쁜 사람인데 누가 당신 말을 믿겠나?

안티폰 자자, 다들 조용하시고 우선 그의 말을 들어 봅시다.

트리스티투스 빤한 얘기잖아. 특별한 얘기도 아닌데 들어서 뭐해?

소크라테스 빤한 이야기라도 한번 들어 보시기 바랍니다. 여러분은 연극과 현실을 구별할 수 있는 사람들이라고 생각합니다. 나를 이상하고 나쁜 사람으로 몰아가는 것은 여러분도 알다시피 한 희극 작품 때문입니다. 만약 아리스토파네스가 〈구름〉이라는 작품을 발표하지 않고, 디오니소스 광장에서 매일같이 상연하지 않았다면 여러분은 내가 나쁜 사람인지 좋은 사람인지 생각이나 하셨겠습니까? 희극이 상연되면서 나에 대한 나쁜 소문이 꼬리에 꼬리를 물고 점점 퍼져 나간 것 아닙니까?

"누나, 〈구름〉이라는 작품 속에 소크라테스가 어떻게 묘사되고 있는데 저러는 거야?"

"응, 분위기로 봐선 이제부터 소크라테스가 구체적으로 얘기할 것 같긴 한데……. 〈구름〉은 논란이 많은 작품이고, 문제가 많은 이야기로 가득 차 있어."

아리스토파네스는 소크라테스보다 어리지만 그와 비슷한 시대를 산 고대 그리스의 희극 작가이다. 그의 많은 작품은 아테네 희극 대회에서 당선되었고, 디오니소스 광장에서 오랫동안 공연되며 아테네 시민의 사랑을 받았다. 특히 그는 풍자극을 많이 남긴 작가로 유명하다. 그중에서도 소크라테스를 풍자한 희극 〈구름〉은 오늘날까지도 소크라테스의 또 다른 삶을 보여 주는 작품으로 남아 있다. 그런데 바로 이 작품 속 소크라테스는 아주 한심한 사람이다.

소크라테스 여러분도 알고 있듯이 아리스토파네스는 그의 작품 〈구름〉 속에서 나와 나의 가장 친한 친구 카이레폰을 풍자하고 있습니다. 아리스토파네스는 우리 두 사람이 구름 여신을 믿는다고 말하고 있습니다. 그런데 구름은 수증기가 모여 만들어진 것이지요. 그래서 형체가 없습니다. 아리스토파네스가 말하는 구름은 우리 두 사람이 현실 세계에 대한 이야기는 하지 않고, 마치 하늘에 떠 있는 구름 잡는 얘기를 하고 있다고 해서 만들어 낸 상징입니다. 얼마나 어처구니없는 얘깁니까?

데스페란스 어째서 그게 어처구니없는 얘기야? 사실이잖아.

트리스티투스 역시 아리스토파네스 말은 틀린 것이 하나도 없다니까. 그의 말이 틀리지 않았으니 일 년 내내 상연될 수 있었겠지. 그렇지 않았으면 벌써 막을 내리지 않았겠어?

안티폰 아닙니다. 아리스토파네스가 만든 이야기는 전부 허구라고요. 여러분은 희곡이 무엇인지 모르세요?

세쿠리타스 우리가 왜 그것까지 알아야 하나? 우린 그저 우리 귀와 입만 즐거우면 되는 거야. 허구라고? 그냥 웃기는 소리라고 하시지.

소크라테스 다들 너무 흥분하지 마세요. 제가 오늘 모든 것을 다 말한다고 했잖아요.

"누나, 그럼 〈구름〉이라는 공연에서 소크라테스는 뜬구름 잡는 얘기만 했다는 말이지?"

"승현아, 정확하게 말하면 소크라테스가 뜬구름 잡는 말을 한 것이 아니라 아리스토파네스가 그렇게 풍자했다고 해야겠지."

"가람이 누나가 그걸 어떻게 알아?"

"서당 개 3년이면 풍월을 읊는다고 하지 않니. 너도 유민 언니랑 한번 살아 봐. 이런 건 그냥 자연스레 알 수 있어."

"그럼 나도 누나랑 같이 살아야겠다."

"우리 귀여운 승현이랑은 언제까지 살아도 상관없어."

"승현아, 너 잘 생각해야 한다. 유민 언니랑 사는 것이 그렇게 쉬운 게 아니다."

소크라테스 카이레폰과 내가 친했던 것은 사실입니다. 친해서 둘이 항상 붙어 다닌 것도 사실이고요. 그러다 보니 많은 얘기를 나눈 것도 부정하지는 않겠습니다. 그렇다고 아리스토파네스가 얘기하는 그런 말장난은 하지 않았습니다. 아리스토파네스가 어떤 말장난을 했다고 묘사했는지 여러분은 잘 알고 있을 것입니다. 몇 가지 예를 들어 보겠습니다. 이런 말장난을 할 수 있는 아리스토파네스가 나는 오히려 존경스러울 정도입니다. 여러분도 잘 아는 '모기의 방구' 얘기와 '벼룩' 얘기입니다.

"'모기의 방구'와 '벼룩' 얘기? 유민이 누나도 이 얘기 정도는 알겠다. 누나가 해 줘. 더 재미있을 것 같아. 방구와 벼룩이래. 정말 웃긴다."

"그래. 이 얘기는 정말 우스우니까 듣다 말고 너무 크게 웃지 마. 가람이 너도, 알았지?"

아리스토파네스는 〈구름〉 속에서 소크라테스와 카이레폰이 항상 공중에 매달아 놓은 해먹을 타고 노닐며 이야기를 나누는 것을 좋아하는 인물로 묘사한다. 뿐만 아니라 〈구름〉 속 두 사람은 제자들이 다른 사람들과 나누는 얘기를 즐겨 듣는다.

한번은 아들에게 소크라테스의 나쁜 이론을 가르치고 싶어 하는 아버지가 아들을 데리고 소크라테스를 찾아왔다. 소크라테스와 카이레폰은 어김없이 해먹을 타고 놀고 있고, 그들의 제자 중 하나가 아버지를 붙잡고 말솜씨를 자랑했다. 아들을 데리고 온 아버지 이름은 스트레프시아데스였다.

> **제자** 아버님은 모기의 윙윙 우는 소리가 어디서 나오는지 아십니까?
>
> **스트레프시아데스** 모기 우는 소리가 어디서 나오다니? 그게 무슨 말인가? 여기서는 그런 것도 배우나?
>
> **제자** 그런 것은 기본입니다요.
>
> **스트레프시아데스** 그래, 참 좋은 곳이군. 빨리 설명해 주게. 모기 소리는 어떻게 나는 건가?
>
> **제자** 모기는 아주 작은 곤충이죠?
>
> **스트레프시아데스** 그렇지.
>
> **제자** 그렇기 때문에 창자도 아주 가늘 겁니다. 이 가는 창자를 통해 바람이 궁둥이 쪽으로 밀리면 꼬리 쪽으로 바람이 새겠죠. 이때 너무 무리하게 바람을 꼬리 쪽으로 내면 소리가 마치 천둥처럼 진동하며 날 것입니다. 그것이 바로 모기 소리입니다.
>
> **스트레프시아데스** 역시 소크라테스답군. 그런 유익한 내용을 가르치다니, 정말 재미있군. 또 다른 이야기는 없나?
>
> **제자** 왜 없겠습니까. 제가 특별히 하나만 더 들려 드리겠습니다.

스트렙시아데스 고맙군. 빨리 해 주게나.

제자 벼룩이 자기 발 길이의 몇 배 정도 뛰는지 아버님은 측정할 수 있습니까?

스트레프시아데스 뭐라고? 자넨 그게 가능하다고 생각하는가?

제자 물론이죠. 소크라테스 선생님이 누굽니까? 가장 지혜로운 사람 아닙니까!

스트레프시아데스 사람 속 태우지 말고 빨리 얘기해 보게나.

제자 아주 간단합니다. 이렇게 하면 됩니다. 예를 들어서 벼룩 한 마리가 제 머리에서 아버님 눈썹까지 뛰어가서 물었다고 가정해 봅시다. 그럼 그 벼룩을 잡아서 먼저 다리를 떼어 냅니다. 그다음 다리에 붙어 있는 발을 촛농에 담가 벼룩 발의 본을 뜨면 모양이 마치 신발처럼 될 것입니다. 그렇게 신발처럼 된 벼룩 발의 길이를 재고, 그다음 제 머리에서 아버님 눈썹까지 거리를 재면 벼룩이 자기 발의 몇 배를 뛰었는지 알 수 있지 않겠습니까?

스트레프시아데스 소크라테스는 역시 천재야. 어쩜 이런 것까지 가르쳐 준단 말인가!

제자 아버님의 아들도 소크라테스 선생님과 같이 곧 천재가 될 것입니다. 걱정 마십시오. 하하하.

"누나, 정말 웃긴다. 그게 가능해? 벼룩의 발을 촛농으로 본을 뜬다고? 하하, 허무 개그가 따로 없네."

"승현아, 너무 크게 웃으면 안 된다고 했지?"

"그래도 자꾸 웃음이 나오는 걸 어떻게 해. 가람이 누나는 이 얘기가 안 웃겨?"

"웃긴다기보다 황당해!"

승현이와 가람이는 터져 나오는 웃음을 참으려 노력하였지만 쉽지는 않은 것 같다. 당연하지. 한번 터진 웃음을 가라앉히는 게 어디쉬운가!

소크라테스 아리스토파네스의 〈구름〉에 나오는 저는 이상한 말만 늘어놓는 궤변론자입니다. 어떤 누가 들어도 말도 안 되는 이상한 논리를 저만이 정당히 꾸밀 수 있다고 아리스토파네스는 매일 떠들어 대지요. 그러니 아테네 사람들이 생각하는 저는 당연히 나쁜 이론을 좋은 이론으로 만드는 허황된 사람일 것입니다. 항상 궤변만 늘어놓고, 착하고 올바른 젊은이를 타락시키는 나쁜 사람으로 여겨질 수밖에 없지 않겠습니까?

디오볼루스 그것만이 아니잖아! 아리스토파네스가 말하길 당신은 좋은 이론을 배우러 오는 제자는 받아 주지 않고, 나쁜 이론을 배우러오는 제자만 받아 준다고 하던데? 어디 그것도 한번 변명해 보시오.

스크루풀루스 맞아. 남의 돈이나 떼어먹는 방법을 가르쳐 준 사람이 당신이 아니고 그럼 누구란 말이오!

소크라테스 여러분은 여전히 아리스토파네스의 생각에 갇혀 있군요. 내가 남의 돈이나 떼어먹는 방법을 가르쳐 주는 사람으로밖에 보이지 않습니까? 그것 역시 아리스토파네스가 상상의 나래 속에서 만들어 낸 말도 안 되는 궤변에 불과합니다.

아리스토파네스의 〈구름〉에는 이런 장면도 나온다. 사치와 경마 도박으로 많은 빚을 진 아들을 끌고 온 아버지가 어떻게 하면 빚을 갚지 않을 수 있는지를 배우러 소크라테스를 찾아온다. 아버지는 아들이 어떻게든 소크라테스에게 나쁜 이론을 배워 빚진 돈을 떼어먹게 하는 것이 목적이었다. 빚만 떼어먹을 수 있다면 수업료는 얼마든지 내겠다고 했다. 아버지의 사연을 들은 소크라테스는 그의 아들을 앉혀 놓고 나쁜 이론을 가르친다.

소크라테스 제자여, 무엇이 문제인가?

아들 제가 빚을 졌습니다. 그런데 그 빚을 갚을 돈이 없습니다. 저는 고소당할 것이고, 감옥에 갈 것입니다. 정말이지 감옥엔 가고 싶지 않습니다.

소크라테스 걱정하지 마라. 만약 네가 내가 가르치는 나쁜 이론을 배우기만 한다면 절대로 그럴 일은 없을 것이다. 내가 구름의 여신에게 맹세하겠다.

아들 제우스 신이 아니라 구름의 여신이라고요?

소크라테스 제우스 신? 제우스 신이 할 수 있는 것은 아무것도 없어. 구름의 여신이 없다면 비도 내리지 못하지.

아들 비를 내리는 것은 제우스 신입니다.

소크라테스 이 바보 같은 사람아. 맑은 하늘에서 비가 온다고 생각하는가. 구름이 없으면 비도 없는 거야. 그러니 제우스 신은 아무런 의미도 없다네. 구름의 여신만 있으면 모든 것이 다 해결되지.

아들 그렇다면 번개와 천둥은 제우스 신이 내리는 벌이 아니란 말씀입니까?

소크라테스 번개나 천둥은 제우스 신의 벌이 아니야. 구름 여신이 만든 거지. 음식을 잘못 먹으면 배에서 요란한 소리가 나고 설사를 하지 않던가. 마찬가지로 구름이 잘못되면 요란한 소리와 넓은 공간에서 번쩍이는 일이 생기게 되어 있어. 그러니 당연히 이 모든 것은 제우스 신의 벌이 아니라 구름 여신의 창자에서 일이 벌어져 생겨나는 것이야.

아들 역시 선생님은 대단하십니다. 어서 빚을 갚지 않을 방법을 가르쳐 주십시오. 그렇지 않으면 전 아버지에게 매를 맞을 것입니다.

소크라테스 아버지에게 매를 맞는다고? 자네가 아버지를 때리는 것이 아니라?

아들 제가 감히 어떻게 아버지를 때리나요. 그것은 꿈에도 생각해 보지 않았습니다.

소크라테스 자네는 어릴 때 아버지에게 매를 맞았지?

아들 당연하죠. 저뿐 아니라 모든 아이는 어른보다 생각이 부족하고 행동이 느립니다. 그래서 잘못하는 것이 많아 아버지에게 야단도 듣고 매도 맞는 것 아닙니까?

소크라테스 물론이지. 그러나 지금은 어떤가? 오히려 아버지가 생각이 부족하고 행동도 느려 잘못하는 것이 많지 않나?

아들 그렇죠. 아무래도 아버지가 늙으셨으니까요.

소크라테스 자네가 어렸을 때는 잘못했다는 이유로 아버지가 때렸지만 이제 아버지가 잘못하면 자네도 아버지를 때리는 것이 이치에 맞지 않겠는가?

아들 듣고 보니 그렇네요. 한번 생각해 보겠습니다.

아버지를 때릴 수 있다는 소크라테스의 이론은 다소 충격적이라 솔깃하기도 하다. 나쁜 이론이긴 하지만 논리적으로 이치에 어긋나진 않는다. 어릴 때는 아들이 잘못하여 매를 맞았다면, 늙은 아버지가 잘못하면 성인이 된 아들도 아버지를 때릴 수 있다는 생각은 논리적으로 문제가 없다. 그러나 이 이론은 어디까지나 어른을 공경해야 한다는 윤리나 도덕을 전혀 생각하지 않은 나쁜 이론이다. 아리스토파네스는 소크라테스의 진의를 무시한 채 나쁜 이론을 전파하는 사람으로 묘사하고 있는 것이다.

> **소크라테스** 문제가 무엇인가?
>
> **아들** 저는 다음 달이 오지 않기를 기다립니다. 다음 달이 오지 않게 할 수 없을까요?
>
> **소크라테스** 달은 둥그니까 접어서 호주머니에라도 넣고 싶지?
>
> **아들** 그렇게만 할 수 있다면 정말 그러고 싶어요.
>
> **소크라테스** 하지만 그것은 불가능해. 둥근 떡처럼 생겼다고 먹어 버릴 수도 없어. 먹어도 계속 다시 생겨나니 말이야. 무엇이 문제인지 구체적으로 말해 보게나.
>
> **아들** 저는 다음 달에 달이 뜰 때까지 빚을 갚기로 했어요.
>
> **소크라테스** 좀 더 구체적으로 말해 보라니까.
>
> **아들** 제가 빚을 갚기로 한 날은 바로 구신월입니다.
>
> **소크라테스** 내가 기다린 답이 바로 그거야. 구신월은 없어. 그래서 빚을 갚지 않아도 돼.
>
> **아들** 아, 정말인가요?

"누나, 구신월이 뭐야?"

"고대 그리스에서는 음력으로 날짜를 계산했는데, 음력으로 그

달의 마지막 날을 구신월이라고 했어. 달이 기울어지고 새로 차기 시작하는 날이야. 그래서 달이 다 기울어진다는 의미의 구월과 달이 새로 찬다는 의미에서의 신월을 합쳐서 '구신월'이라고 했던 거야."

"그럼 하루가 구월이기도 하고 신월이기도 한다는 뜻이야?"

"응, 맞아."

소크라테스 구신월이라면 하루가 이틀이라는 얘기잖아. 그런 날이 어디 있어? 어떤 사람이 젊으면서 늙을 수 있어? 그것은 불가능하잖아. 마찬가지로 하루가 이틀인 날인 구신월은 없어. 그러니 돈을 빌려 준 사람에게 계약서를 보여 주고 이런 날이 생기거나 있으면 갚는다고 해.

아들 그 생각을 전혀 하지 못했네요. 선생님, 정말 감사합니다.

소크라테스 이제 더 배울 게 없지? 그럼 오늘 강의는 끝. 카이레폰, 강의가 끝났으니 수강료 받아.

카이레폰 알았어.

아들 수강료가 얼마죠?

카이레폰 10탈렌트야.

아들 네? 10탈렌트요? 제가 진 빚이 5탈렌트인데 수강료가 10탈렌트라고요? 그 돈으로 빚을 갚는 것이 낫겠네요.

카이레폰 왜 그렇게 생각이 짧은가. 한번 배우면 영원히 써먹을 수 있는 것이 바로 지혜야. 어찌 자네는 오늘 배운 지혜를 자네의 빚과 비교하는가. 이것을 잘 이용하면 평생 동안 더 많은 돈을 벌 수도 있잖은가. 그러니 투자라고 생각하면 이 정도 수강료는 아무것도 아니지. 그렇지 않은가?

아들 아, 그러네요. 정말 고맙습니다. 아버지가 아주 좋아하시겠어요. 감사합니다. 안녕히 계십시오.

카이레폰 그래, 조심해서 가게나. 문제가 생기면 또 오고.

"저 멍청한 아들 같으니라고! 아버지가 퍽이나 좋아하시겠다."

"모르지, 정말로 아버지가 좋아하실지. 다른 문제가 생길 수도 있잖아."

"가람아, 무슨 일이 생긴다고 해도 저렇게 나쁜 이론으로 남에게 손해를 끼치면 안 되지."

소크라테스 아리스토파네스가 그의 희곡에서 보여 주는 모습이 나를 나쁜 사람으로 만들었다는 것을 여러분은 아셔야 합니다. 나는 내가 믿는 신의 이름을 걸고 맹세합니다. 나는 절대로 아리스토파네스가 말하는 나쁜 이론을 가르치지 않았습니다. 그러니 멜레토스가 주장한 젊은이를 타락시켰다는 죄는 말도 안 됩니다.

호리두스 그렇다고 아리스토파네스의 주장이 틀렸다는 확실한 근거도 없잖아. 아니 땐 굴뚝에 연기 나겠어? 아리스토파네스가 없는 이야기를 지어서 연극으로 만들지는 않았을 거야.

니코스트라토스 왜 여러분은 연극과 현실을 구별하지 못하십니까?

디오볼루스 그러는 너는 연극과 현실을 구별할 수 있어?

테오스도티데스 그럼요. 최소한 아리스토파네스의 연극은 연극에 불과하다는 것쯤은 잘 알고 있습니다.

소크라테스 여러분은 내가 아무리 얘기해도 아리스토파네스의 연극을 더 믿고 있다는 것을 잘 알고 있습니다. 다른 예를 들겠습니다. 나는 제자들과 친구들에게 해는 돌이고 달은 흙이라고 가르쳤습니다. 해와 달이 신입니까? 그것이 신이 아니라는 건 여러분도 잘 아시겠지요. 아리스토파네스의 연극도 이와 마찬가지입니다. 그것이 사실이 아니라는 건 여러분이 이미 더 잘 알고 계시지 않습니까?

"누나, 저건 자신이 무신론자라고 인정하는 발언 아니야?"

"그러게 말이야. 하늘의 모든 천체가 신이라고 믿었던 시절에 저렇게 말해도 되는 거야?"

"가만 있어 봐. 소크라테스의 말을 더 들어 보자."

소크라테스 여러분이 무슨 생각을 하는지 나도 알고 있습니다. 내가 이렇게 말하는 것이 내 재판에 아무런 도움이 되지 않는다는 것도 알고 있지요. 하지만 해와 달에 관한 이야기는 내가 처음 한 말이 아닙니다. 바로 아낙사고라스라는 철학자가 나보다 먼저 이야기했지요. 그는 태양이 펠로폰네소스 반도만 한 붉고 뜨거운 돌이라고 했고, 달은 지구처럼 산과 들이 있는 차가운 돌덩어리라고 말했습니다.

푸르토스 아낙사고라스가 먼저 말했다지만 당신도 그렇게 믿으니까 제자들에게 그렇게 가르친 게 아니오!

스투피두스 맞아, 만약 자네가 믿지 않았다면 그렇게 가르치지 말았어야지.

알라우도스 결국 스스로 무신론자임을 밝히는군. 더 이상 재판을 볼 필요도 없겠어.

소크라테스 신은 나를 지혜로운 사람이라고 했습니다. 지혜로운 사람이라면 최소한 다른 사상가들이 한 말을 여러분처럼 무조건 틀렸다고 하진 않을 것입니다. 최소한 그런 주장을 다른 사람과 함께 토론하는 것이 맞지 않겠습니까? 그리고 만약 내가 해와 달의 문제로 제자들이나 젊은이들을 타락시켰다면, 그것은 나의 죄가 아니라 아낙사고라스의 죄입니다. 그렇기 때문에 죄를 재판하려면 내가 아닌 그를 불러서 하는 것이 맞겠지요.

"언니, 소크라테스의 말을 들으니 나도 헷갈리기 시작했어."

"헷갈릴 게 뭐 있니? 소크라테스가 진실이 아니라고 하잖아."

"그렇지만 누나, 아리스토파네스의 연극이 정말 아무런 근거 없이 만들어지고 상연되었다고 볼 수 있을까? 그리고 아낙사고라스의 해와 달에 관한 이야기만 해도 그래. 자신의 이론이 아니라니 너무 무책임하지 않아? 자신이 제자들과 함께 이야기를 나눴다는 건 나름대로 근거를 가지고 있었다는 거잖아."

"아테네에는 아낙사고라스의 이론을 믿는 사람도 많았어. 단지 대놓고 드러내지 못했을 뿐이지. 그런 상황 속에서 소크라테스가 저렇게 토론할 수 있도록 주제와 화두를 던진다는 것 자체가 참 대단한 일 아니니?"

소크라테스의 재판 현장을 직접 지켜보며 느낀 점은 당시에 그의 말을 들으려고 하는 사람이 많지 않았다는 것이다. 재판을 보는 내내 마음이 무겁고 답답했다. 옆에서 지켜보기만 하는 나도 이 정도인데 당사자인 소크라테스는 얼마나 더 마음이 참담했을까. 그의 입장이 되어 생각하니 억울함과 울분의 감정이 뒤섞였다.

5

아테네에서
가장
지혜로운 자

멜레토스를 비롯한 몇몇 사람들은 소크라테스의 부정적인 면을 최대한 부각해 유죄 판결을 끌어내는 데 집중했다. 그 역할을 해 준 것이 바로 아리스토파네스의 〈구름〉이라는 희극이었다. 이 작품은 아테네에서 꽤 인기리에 상연되고 있었을 뿐 아니라 소크라테스의 부정적인 면을 많이 담고 있었다. 법정의 방청객 중에는 소크라테스의 좋은 점보다는 부정적인 면에 많은 관심을 갖고 솔깃해하는 사람이 더 많았다.

소크라테스 이미 내가 큰 죄를 지었다고 생각하는 방청객 여러분에게 내 얘기는 구차한 변명이 될 수도 있고, 비굴한 해명이 될 수도 있을 것입니다. 그러나 항상 그러했듯이 나는 진실만을 말할 것입니다. 그러니 조금 귀에 거슬리더라도 참고 들어 주시기 바랍니다. 카이레폰이 신탁에서 들었다는 얘기를 전해 들었을 때 사실 나는 당황스럽기 짝이 없었습니다. 혼자 고민하다 결국 나는 신의 말이 맞는지 확인해야겠다고 생각했습니다. 그래서 나는 아고라를 중심으로 사람들이 모이는 곳을 찾아 다녔습니다. 단지 이러한 나의 행동이 많은 사람들에게 욕을 먹고 젊은이를 타락시켰다는 명목으로 이 자리까지 서게 했습니다.

　"가람 누나, 아고라는 고대 그리스 사람들이 모이던 광장 같은 곳이었지?"

　"응. 원래는 시장이었는데 특별한 용도로 활용되기도 했어."

　아고라(Agora)는 고대 그리스 어로 '시장'이라는 뜻이다. 사람들은 필요한 물건을 서로 사고팔기도 했지만, 주로 이야기를 나누는 장소로 활용하였다. 소크라테스는 매일 이곳에 나가 사람들과 이야기를 나누었다. 당시 고대 그리스의 도시 국가에는 시민들을 위한 공공시설이 최소한 네 개 정도 있었다. 신에게 제사를 올리는 신전, 시민들의 운동을 위한 대운동장, 연극과 음악을 위한 야외 광장, 그리고 아고라였다. 앞의 세 가지 장소는 분명한 목적을 위해 건설되었지만 아고라는 달랐다. '시장에 나오다' 혹은 '사다'의 의미를 가지는 '아고라조(agorazo)'가 어원인 아고라는 시민들의 집회를 위한 장소로 사용되기도 했지만, 재판, 상업, 혹은 사교를 위한 장소로도 사용되었기 때문이다. 그래서 아고라는 시장 기능 외에 정치, 경제, 문화, 사회 등 시민들의 일상생활에 필요한 모든 기능을 갖추고 있었다.

아고라가 이렇게 시민 생활의 중심이 되다 보니 그 규모나 아름다움 또한 다른 건축물에 못지않았다. 아테네 전성기에 아고라의 크기는 가로가 700m, 세로가 550m가량 되었다고 전해진다. 대리석으로 아름답게 장식한 기둥인 주랑에는 신들을 장식하기도 했는데, 특히 바다의 신 포세이돈과 곡물의 신 데메테르 상이 오늘날까지도 잘 보존되어 있다. 이렇게 아름답게 장식된 주랑이 받치고 있는 아고라는 시민들이 생각을 자유롭게 나눌 수 있는 열린 공간이었다. 아고라를 바탕으로 아테네는 직접 민주주의를 실현했던 것이다.

소크라테스는 이런 열린 장소에 매일 나와 사람들과 만나고 대화를 나누었다. 이곳에 모인 사람들은 아고라를 떠받치고 있는 주랑에 비스듬히 기대거나 둘러앉아 얘기를 나누었다. 이곳에 모이는 사람들은 여러 계층의 사람들이었고, 소크라테스는 이렇게 모인 다양한 사람들과 의견을 나누었다.

"누나, 그럼 소크라테스는 아고라에서만 사람들을 만나고 이야기를 나눈 거야?"

"아니야. 늘 그랬던 건 아니야."

"언니, 그럼 다른 곳에서도 사람을 만났어?"

"물론이지. 소크라테스는 사람이 모이는 곳이면 장소를 가리지 않았다고 해. 이곳 아고라는 물론이고, 가정집에서 사람이 모인다고 하면 직접 찾아가기도 하고, 그랬어."

우리에게만 사랑방이 있었던 것은 아니다. 고대 그리스에서도 사랑방은 있었다. 사람을 초대한 주인은 방 한가운데에 음식과 음료수를 차려 놓는다. 초대받은 사람은 그 음식을 중심으로 둥글게 앉거나 비스듬히 누워 음식을 즐기면서 대화했다. 이것이 바로 사랑방 토론이다. 소크라테스는 아고라뿐 아니라 여러 곳을 찾아다니면서 사람들과 이야기를 나누었다.

소크라테스 내가 왜 사람이 모이는 곳이라면 모두 찾아다녔는지 여러분은 잘 아실 것입니다.

데스페란스 드디어 실토를 하는군. 언제까지 아니라고만 우길 거야?

트리스티투스 아리스토파네스가 〈구름〉에서 이야기한 내용이 틀린 것은 아니었어. 카이레폰과 함께 말도 안 되는 논리를 갖고 마치 옳은 논리인 양 사람들을 골탕 먹였다는 얘기가 틀린 것은 아니야.

세쿠리타스 역시 아리스토파네스가 옳았다니까!

소크라테스는 카이레폰이 받은 신탁을 믿지 않았다. 소크라테스가 보기에 아테네에는 지혜로운 사람이 많아서 자신보다 더 지혜로운 사람이 없다는 신탁이 잘못되었다고 생각한 것이다. 그래서 그는 여러 사람을 찾아다니면서 그들이 얼마나 지혜로운지 알아보았다.

"아, 이제 생각났다! 학교에서 배운 것 같아. 소크라테스가 저렇게 여기저기 들쑤시고 다녔으니 소위 지혜로운 사람들이 화가 나서 복수했다는 이야기 말이야. 그렇지, 언니?"

"유민이 누나, 복수라고? 뭔 복수?"

"사실 소크라테스는 아테네에서 지혜롭다는 사람들이 얼마나 지혜로운지 알아보고 싶었기 때문에 단지 그들을 찾아가 이야기를 나누었을 뿐이었어. 그런데 그들은 소크라테스와 만난 후 다른 사람들에게 이상한 이야기를 했다고 해."

"무슨 이상한 얘기?"

"소크라테스와 이야기 나누는 것을 조심하라. 그러지 않으면 소크라테스에게 속을 것이라고 말이야."

"언니, 소크라테스에게 속는다고? 소크라테스가 사람들을 속였단 말이야?"

"아니, 소크라테스는 결코 남을 속이지 않았어. 단지 사람들이 소크라테스와 대화를 나누면서 자신이 논리적으로 부족하다고 느끼는 걸 그에게 속았다고 여긴 거지."

"누나, 그럴 수 있겠다. 우리도 누군가와 말을 하다가 논리적으로 밀리면 잘못을 인정하지 않고, 오히려 화를 내잖아."

소크라테스 솔직히 아테네의 지혜로운 사람들은 논리만 부족한 것이 아니었습니다. 그들은 진실을 말하려고도 하지 않았습니다. 그리고 논리가 부족하여 설명하지 못한 것을 오히려 나에게 속았다고 표현했습니다. 그럼 왜 그들은 진실을 말하지 않았을까요? 그것은 그들이 진실을 확실히 알지 못했기 때문입니다.

아테네에서 지혜로운 사람이란 정치가, 시인, 기술자, 예술가, 혹은 웅변가 같은 사람이었다. 이들은 주로 말이나 글로 사람들을 즐겁게 해 주는 일을 했기 때문에 논리와 진실이야말로 가장 중요한 가치였다. 이렇게 해서 그들은 남들로부터 지혜로운 사람으로 칭송받을 뿐 아니라 명예와 부도 함께 누리고 있었고, 그럼으로써 권력을 쥘 수 있었다. 소크라테스는 이런 사람들을 찾아다니면서 그들이 사실은 논리적으로도 부족하고 진실하지도 못하다고 했으니, 자신의 권력과 부를 동원하여 소크라테스를 모함하려고 하지 않았겠는가.

소크라테스 나는 지혜로운 사람들을 찾아갈 때, 한 번도 그들의 지혜를 의심한 적이 없습니다. 오히려 그들은 나보다 더 지혜로운 사람이고 아테네 사람 모두로부터 칭송받아 마땅하다고 생각했습니다. 하지만 그들과 얘기를 나눈 다음 내 생각은 달라졌습니다.

디오볼루스 대체 어떻게 달라졌다는 거야? 그들의 지혜를 의심이라도 했단 말이야, 뭐야?

이디오투스 저 사람 또 말도 안 되는 소리 하고 있네.

소크라테스 여러분은 내 말이 말도 안 된다고 생각할지 모릅니다. 하지만 내 생각은 다릅니다. 내가 제일 먼저 찾아간 사람은 아테네를 대표하는 정치가들이었습니다. 그들은 스스로뿐 아니라 다른 사람들이 모두 지혜로운 사람이라고 칭하는 사람이었습니다. 그러나 내가 그들과 대화를 나누면서 느낀 것은 저들은 결코 지혜로운 사람이 아니라는 것이었습니다. 그들은 선이 무엇인지, 정의가 무엇인지 알지 못했습니다. 하지만 마치 모든 것을 다 아는 것처럼 설명했습니다. 나는 궁금증을 참지 못하고 계속 질문했지요. 결국 그들은 화를 내며 자리를 박차고 나가기도 하고, 나쁜 논리로 사람을 현혹시킨다며 욕을 하기도 했습니다. 나는 그들에게 말했습니다. 당신은 내가 생각하기에는 지혜로운 사람이 아닌 것 같다고 말입니다.

"맙소사. 언니, 소크라테스가 정말 대놓고 정치가들에게 저렇게 말한 거야?"

"당연하지. 소크라테스는 자기가 하고 싶은 말은 어떠한 경우에도 했다고 해."

"그럼, 여러 사람이 보는 앞에서 정치가를 욕했단 말이야? 이 재판의 결과가 어떨지 예상되는 것 같아."

"하지만 소크라테스는 재판의 결과에 대해선 아랑곳하지 않았어. 자신은 신의 명령을 받은 사람이라고 믿었거든."

"하긴, 신탁에서 소크라테스가 가장 지혜로운 사람이라고 했으니 당연히 그렇게 생각할 수 있겠다."

"누나, 아무리 신이 한 말이지만 그것을 증명하기 위해서 사람을 만나고, 게다가 그들의 무지함을 폭로했으니 사람들의 분노를 사기에 충분한 것 같아."

"하지만 소크라테스는 신의 명령이야말로 다른 어떤 것보다 더 중요하게 생각했기 때문에 그랬던 거야."

소크라테스 나는 정치가들과 그들과 함께 있는 사람들에게 분명히 말했습니다. 정치가나 나나 무엇이 선인지 무엇이 정의인지 모르기는 마찬가지입니다. 그러나 정치가는 자신이 모르는 것도 마치 알고 있는 것처럼 남에게 설명하고 가르치려 하기 때문에 자신이 모르는 것도 아는 것인 줄 압니다. 그러나 나는 정말로 무엇이 정의고 선인지 모릅니다. 그래서 나는 모른다고 생각합니다. 내가 만난 정치가들도 정의가 무엇인지 선이 무엇인지 몰랐습니다. 하지만 그들은 자신이 모른다고 생각하지 않았습니다. 즉 나는 모르는 것을 모른다고 생각하는 내 자신을 알고 있지만, 정치가들은 스스로 모른다는 생각조차도 하지 않고 있었습니다. 그러한 이유 때문에 나는 정치가보다 내가 더 지혜롭다고 생각했습니다.

"언니, 그런데 모르는 것을 모른다고 여기고, 솔직하게 모른다고 말하는 것이 과연 쉬울까?"

"그래, 가람 누나 말이 맞아. 그래서 우리나라에도 '척한다'는 말이 있잖아. 몰라도 아는 척하는 판에 아테네를 대표하는 지혜로운 정치가들이 아는 척하는 것은 당연한 것 아니야?"

"그리고 그들은 다른 사람으로부터 지혜로운 사람이라고 추앙받는 자존심 강한 정치가들이잖아. 그들은 절대로 그렇게 말하지 못할 거야."

"그래. 너희 말이 맞아. 그들은 절대 그런 말을 하지 못했지. 하지만 소크라테스는 그 말을 할 줄 알았어. 그래서 소크라테스는 스스로 그들보다 자신이 더 지혜로운 사람이라고 생각했던 거야."

소크라테스 물론 나도 압니다. 자타가 인정하는 지혜로운 사람이 모르는 것을 모른다고 말하는 것이 결코 쉽지 않다는 것을요. 하지만 나는 그것을 말할 줄 알아야 한다고 생각합니다.

스크루폴루스 그래서 당신이 그들보다 더 위대하고 지혜로운 것이 증명되었다는 거야?

호리두스 정말 잘났어. 그렇게 잘난 사람이 왜 거기에 서 있어?

테오스도티데스 이제 겨우 정치가 얘기가 끝났습니다. 선생님께서는 더 많은 사람을 만났습니다. 선생님의 얘기를 다 들은 다음 결론을 내려도 늦지 않으니 조금만 참아 주세요.

소크라테스 그렇습니다. 나는 정치가들의 지혜에 실망하고 시인을 찾았습니다. 그들은 정치가와 다르길 기대하면서 말입니다. 그리고 아주 조심스러웠습니다. 내가 시인들과 조금만 얘기를 나누면 나의 무식함이 금방 드러날 것 같았기 때문입니다. 그래서 나는 그들이 쓴 작품을 무척 많이 읽고 난 다음에 그들을 만났습니다. 나는 그들에게 작품의 의미와 배경에 대해 물었지요. 그렇게 하는 것이 내가 시인들로부터 무엇인가 배울 수 있다고 생각했기 때문입니다.

"누나, 결과는 아무것도 배우지 못했다는 거야?"

"응, 맞아. 그것은 소크라테스 혼자만 느낀 게 아니었어."

"그게 무슨 말이야?"

"소크라테스만 그런 게 아니라 그곳에 함께 있던 모든 사람이 느낀 바였어. 소크라테스와 다른 사람들은 시인의 시에 대해서 너무나 잘 알고 있었지만, 시인들은 오히려 자신들이 쓴 시에 대해서 잘 모르고 있었다고 해."

"언니, 그게 말이 돼?"

소크라테스 나는 시인들이 유명한 시나 작품은 지혜로 짓는 것이 아니라, 마치 예언자나 점쟁이처럼 타고난 재질과 신으로부터 물려받은 영감으로 짓는 것이라는 것을 알았습니다. 그렇기 때문에 예언자나 점쟁이들은 훌륭한 말을 많이 하지만 그 뜻이 무엇인지 알지 못합니다. 마찬가지로 시인들도 그들이 남긴 작품은 아주 훌륭하지만 그 작품에 대한 배경이나 의미에 대해서는 제대로 이야기하지 못했습니다. 이런 시인들이 예언자나 점쟁이와 다른 것이 무엇입니까? 그래서 나는 생각했습니다. 세상에 훌륭하고 지혜롭다고 소문난 사람들이 생각만큼 지혜롭지 못하고, 부족함이 많은 사람이라고 말입니다.

"언니, 소크라테스가 지혜를 시험해 보기 위해서 정치가와 시인 외에 또 만나 본 사람이 있어?"

"그럼, 또 있지."

"누나, 그럼 그다음에는 누구를 만났어?"

"기술자들이야."

"기술자? 기술자도 고대 아테네에서는 지혜로운 사람이었어?"

"그랬나 봐. 지금도 고등 교육을 받은 사람들이 기술자로 많이 일하잖아?"

"그러고 보니 그렇네."

"언니, 그럼 소크라테스는 기술자를 만나고 난 다음에도 같은 결론을 내렸어?"

소크라테스 나는 마지막이라는 심정으로 수공업자를 찾아갔습니다.

디오볼루스 당신이 조각에나 일가견이 있을까, 수공업 같은 기술에 대해서 뭘 안다고 그들을 찾아가?

소크라테스 나 또한 기술자들은 내가 알지 못하고 있는 것에 대해 많이 알고 있으리라 생각하고 찾아간 것입니다.

푸르토스 수공업자들이 수공업 기술에 정통하다는 것은 당연하고, 그 분야에서는 당신보다 더 지혜롭다는 것도 당연한 사실 아니오?

소크라테스 맞습니다. 그들이야말로 내가 모르는 것을 알고 있으며 그 점에서는 나보다 더 현명했습니다. 하지만 그들 또한 다른 정치가나 시인과 똑같은 잘못에 빠져 있다는 것을 알았습니다. 물론 그들의 수공업 기술은 나보다 한 수 위였습니다. 나는 분명 이 사실을 인정했지요. 그러나 문제는 그다음에 있었습니다.

"언니, 소크라테스가 말하는 게 어떤 문제야?"

"그들은 자신의 일뿐 아니라 정치나 시, 혹은 다른 영역에서도 자신만큼 지혜로운 사람이 없을 거라고 믿었어. 이런 믿음 때문에 수공업 분야에 대한 지혜로움이 '무지를 알지 못하는 어리석음'으로 빛을 잃게 된 거야."

"누나, 소크라테스는 기술자도 자신의 무지를 인정하지 않는 점에서 지혜로운 사람이 아니라고 생각했구나."

5 아테네에서 가장 지혜로운 자

소크라테스 그렇다고 내가 만난 사람이 나보다 지혜롭지 못하다는 결과를 말하려는 것이 아닙니다. 나는 그들의 지혜를 인정하지만 그들의 지혜가 그들의 무지함에 가려 빛나지 않는다는 생각을 하게 된 것뿐입니다. 그들의 결점이 그들의 지혜를 가리고 있었습니다. 나는 지혜롭다고 알려진 사람을 만난 다음, 나 자신에게 묻게 되었습니다.

"누나, 소크라테스가 스스로에게 물은 것이 뭐야?"

"아주 유명한 말이야. 너희도 다 알걸?"

"언니, 우리가 다 아는 말이라고? 그렇게 유명한 말이야?"

"아, 혹시……."

가람이와 승현이가 서로를 바라보며 동시에 외쳤다.

"너 자신을 알라?"

소크라테스는 그가 만난 지혜로운 사람들이 자신보다 지혜가 부족한 사람들은 아니었다. 하지만 아무리 지혜로운 사람이라 해도 모든 부분에서 다 지혜로울 수는 없다. 자만심에 가득 찬 지혜로운 사람들은 자신이 무지한 부분에 대해서 스스로 무지하다는 사실을 알지 못했다. 지혜로운 사람들은 지혜롭긴 했지만 자신의 무지한 부분에 대해서는 말하지 않고 아는 척했다. 하지만 소크라테스는 지금까지 그래 왔듯 자신이 알지 못하는 부분에 대해서는 모른다고 이야기하는 것이 옳은 것인지, 아니면 모르는 것을 마치 아는 것처럼 행동하는 것이 옳은 것인지 고민했다.

"너희는 어떤 것을 택할래?"

"우리가 택하는 것이 중요한 것이 아니라 소크라테스가 택한 것이 중요한 것 아니야? 소크라테스는 모르는 것을 모른다고 말하는 쪽을 택했지?"

"그래. 당연히 소크라테스는 전자를 택했지."

소크라테스 지혜롭다는 사람을 찾아다니며 느낀 것이 바로 그것이었습니다. 저들처럼 무지와 지혜를 다 가지고 살 것인가 아니면 지혜롭지는 못하지만 무지함을 인정하고 살 것인가를 놓고 고민했습니다. 나는 지혜롭지는 못하지만 무지함을 인정하고 사는 것이 신탁의 뜻을 따르는 일이라고 생각했습니다. 그래서 바로 거리로 나갔습니다. 나는 아고라와 거리로 나가 사람들에게 지혜와 무지를 모두 가지지 말고, 지혜롭지는 못하더라고 무지를 인정하고 사는 것이 더 좋다고 알리기 시작했습니다.

"언니, 그렇다면 '너 자신을 알라'는 뜻은 '너의 무지함을 알라'는 뜻과 같은 거야?"

"그렇지! 지혜로운 사람들은 자신의 권위와 자존심 때문에 스스로 무지함을 인정하지 못하잖아. 하지만 소크라테스는 스스로 무지하다고 생각했기 때문에 무지함을 인정하는 것이 불편하지 않았어."

"그럼 누나, 구체적으로 소크라테스는 어떤 사람들을 만나 무슨 일을 했어?"

"응, 소크라테스는 지혜로운 사람을 찾아 얘기를 나누고 지혜롭지 못하다고 판단되면 정치가, 시인, 혹은 기술자들에게 해 준 얘기처럼 그들이 지혜롭지 못하다는 것을 알려 주었지."

"언니, 소크라테스는 결국 신탁은 거짓말하지 않는다는 것을 증명한 셈이네."

"결과적으로는 그런 셈이지."

소크라테스 지금 내가 여기 서게 되기까지 나보다 더 지혜로운 사람을 발견하지 못했습니다. 나는 매일같이 나보다 지혜로운 사람을 발견하기 위해서 지혜롭다고 알려진 사람을 만나러 다녔습니다. 그리고 그들이 지혜롭지 못하다고 판단되면 무지함을 깨우쳐 주었죠. 그러다 결국 고소를 당해 여기까지 왔습니다.

소크라테스에 관한 기록은 플라톤의 저서나 몇몇 철학자의 책 속에 남겨진 것이 전부다. 기록에 따르면 소크라테스는 어떤 누구와 대화를 나누어도 물러서지 않았다고 한다. 그들이 지혜롭지 못하고 그들의 주장이 잘못되었다는 것을 끊임없이 설명했다. 그래서 소크라테스를 고소한 사람들은 절대로 소크라테스와 말을 섞으면 안 된다고 했을 정도였다. 오죽했으면 소크라테스가 재판이 시작되기 전에 배심원들에게 "여러분은 이 법정에 들어오기 전에 분명히 나와 얘기할 때 조심하지 않으면 나의 논리에 당할 것이라는 얘기를 들었을 것입니다."라고 말했을까.

"누나, 그게 사실이야?"

승현이가 놀라 물었지만 소크라테스가 그렇게 말했다는 사실이 플라톤의《소크라테스의 변론》에 기록되어 있다.

"소크라테스는 재판 전에 그렇게 말했고 거기에 스스로 답했어. 자신은 대단한 웅변가도 아니며 변론가도 아니기 때문에 자신의 논리에 배심원들이 당할 일은 절대로 없을 것이라고 말했지."

"언니, 정말 소크라테스답다. 그렇지?"

가람이가 말한 '소크라테스답다'는 말이 무슨 뜻일까? 항상 자신감에 차 있는 소크라테스의 모습을 말하는걸까? 그럴지도 모르겠다. 실제로 소크라테스는 지혜로운 사람을 찾아다닐 때나 재판이 진행되는 동안이나 항상 자신감에 차 있었다. 자신은 당연히 해야 할 일을 할 뿐이라는 식의 자신감 말이다. 하긴 그런 자신감이 없었다면 소크라테스도 다른 지혜로운 사람처럼 조금 아는 것을 포장하여 더 많이 아는 척했을 것이고, 모르는 것은 결코 모른다고 말하지 않았을 것이다.

아테네에서 가장
지혜로운 자

5

여행을 하며 놀라운 건 변화해 가는 가람이와 승현이의 태도이다. 둘의 대화를 듣다 보면 소크라테스 재판에 몰입하는 게 느껴진다. 더불어 철학의 매력에도 점차 빠져들고 있다. 역시 무엇을 직접보고 듣는 경험은 책이나 누군가의 일방적인 가르침으로 얻는 간접경험과는 비교할 수 없을 정도로 힘이 큰 것 같다. 동생들을 데리고이곳에 왔다는 게 뿌듯하면서도 철학을 전공하고 있다는 사실이 자랑스러워지는 순간이었다.

6

다이몬에 대한 신념

시간이 많이 흘렀다. 피고와 원고가 하는 변론 시간은 제한돼 있지만 원고의 주장보다 피고인 소크라테스의 주장이 더 많은 재판이다. 그렇다 보니 자연적으로 소크라테스를 비판하거나 반대하는 입장의 사람들이 더 지쳐 보인다. 그들도 할 말은 많아 보이지만 소크라테스의 말솜씨에 눌려 그의 말을 듣기에도 바쁘다.

그러나 그들의 눈은 항상 빛나고 있었다. 고대 아테네 사람들은 진심으로 대화를 즐겼고 토론을 사랑했던 것 같다. 그들은 소크라테스가 하는 말 하나하나를 놓치지 않고 경청하려고 했다. 언제라도 반박할 준비가 된 사람처럼 말이다.

소크라테스 여러분이 알다시피 나는 스스로 무지하다는 것을 알고 있습니다. 하지만 내가 만난 아테네의 지혜롭다고 알려진 사람들은 자신이 무지하다는 것을 알지 못했습니다. 바로 그 점에서 내가 그들보다 지혜롭다고 생각했습니다. 만약 이것이 카이레폰이 신탁에서 들었다는 '소크라테스보다 지혜로운 사람은 없다'는 말과 관계가 있다면 신은 결코 거짓말을 하지 않았다고 생각합니다.

스투피두스 그런 말도 안 되는 논리가 어디 있어? 역시 조금만 방심하면 소크라테스에게 속게 된다니까.

알라우도스 소크라테스의 논리대로라면 아테네의 지혜로운 사람들은 모두 바보고, 자기만 지혜로운 사람이란 얘기잖아.

스투피두스 도대체 뭘 믿고 저렇게 말도 안 되는 소리를 하는 거야? 하늘이 무섭지 않나?

트리스티투스 그러고 보니 당신은 젊은이만 타락시킨 것이 아니라, 우리가 믿는 신도 믿지 않았어. 누굴 믿는다고 했지?

소크라테스 제가 뭘 믿고 이러느냐고요? 제가 뭘 믿는지 여러분들도 잘 아시지 않나요? 비록 내가 믿는 신이 아테네가 인정하는 올림포스의 12신은 아니지만, 신이라는 건 틀림없습니다. 나를 무신론자라고 얘기하는 멜레토스와 그의 친구들의 생각은 완전히 잘못되었어요.

"누나, 소크라테스는 어떤 신을 믿은 거야?"

"응, 다이몬이라는 신이야."

"언니, 다이몬은 '데몬'이라고 불리는 악령의 신 아니야?"

"다들 그런 줄 알고 있는데 그렇지는 않아."

신을 믿는다는 것은 무엇을 의미할까? 일부 국가에서는 자신들이 인정하는 신을 정해 두고 있다. 그렇다고 그 신을 믿지 않는다고 해서 박해를 가하는 것은 아니다. 그러나 고대 그리스의 아테네는 조금 달랐다. 자신들이 정한 신 이외의 신을 믿을 경우, 무신론자로 몰아 벌을 주었다. 소크라테스가 고발당한 두 번째 죄 또한 무신론자라는 것이다. 그러나 소크라테스는 자신은 분명 신을 믿고 있기 때문에 무신론자가 아니라고 주장했다. 여기서 우리는 소크라테스의 다이몬에 대한 신념을 엿볼 수 있다.

"누나, 그럼 다이몬이 뭐야?"

"소크라테스가 얘기한 다이몬과 오늘날 우리가 말하는 다이몬은 조금 달라. 소크라테스는 다이몬을 자신이 믿고 따르는 양심의 소리 혹은 신념이라고 생각했어."

"양심의 소리 혹은 신념이라고?"

"응, 소크라테스는 다이몬을 그렇게 믿었어."

소크라테스 내가 믿는 다이몬이 여러분이 생각하는 것과 다르다는 것은 이미 아테네의 유명한 정치가 알키비아데스가 얘기한 적이 있습니다. 만약 여러분이 나의 다이몬을 부정한다면 역시 알키비아데스도 부정하는 것과 마찬가지입니다.

세쿠리타스 그거야, 당신이 알키비아데스를 살렸으니 무조건 그가 당신을 믿고 따를 수밖에 없는 거 아니겠어?

이디오투스 알키비아데스도 정신 나간 사람 아니야? 저런 사람을 생명의 은인이라며 마냥 쫓아다니기나 하고 말이지. 둘 다 정말 한심하기 짝이 없군.

테오도토스 여러분은 소크라테스 선생님이 전쟁에서 어떻게 행동했는지 알키비아데스로부터 듣지 못했습니까? 그런 분을 험담하다니요?

집정관 내가 생각하기에 이 재판과 알키비아데스는 아무 상관 없는 것 같소. 그러니 피고 소크라테스는 알키비아데스 이야기를 하지 말기 바라며, 피고에게 주어진 죄목에 대해서만 변명하시오.

소크라테스 많은 사람이 내가 믿고 있는 다이몬을 신으로 이해하지 못하고, 오히려 내가 무신론자라고 여깁니다. 하지만 알키비아데스는 내가 믿는 다이몬이 어떤 신인지 확인했기 때문에 나는 그의 이름을 말했을 뿐입니다.

소크라테스와 알키비아데스의 관계는 무척 유명하다. 우리가 알고 있는 소크라테스의 성품이나 인격 등 많은 부분이 알키비아데스의 입을 통해 알려졌기 때문이다. 아테네는 고대 그리스의 중심 도시 국가로 우뚝 서며 다른 도시 국가와 자주 전쟁을 치렀다. 그래서 아테네의 시민들도 전쟁에 참여해야 했는데, 소크라테스도 예외는 아니었다. 소크라테스는 세 번이나 전투에 참여했고, 그중 두 번은 알키비아데스와 함께 갔다. 당시 알키비아데스는 귀족이었기 때문에 장

교로 참가했지만, 소크라테스는 전쟁에 필요한 무기나 전쟁 경비를 자비로 부담해야 하는 중장병으로 전쟁에 참가했다.

"근데 알키비아데스가 전쟁터에서 후퇴하다 부상을 입고 죽어 가고 있었다는 거지?"

"맞아, 승현아. 그때 소크라테스가 알키비아데스를 구해 줬어."

"그런데 누나, 그것과 다이몬이 무슨 관계야?"

"그건 나도 모르지. 언니가 설명해 주지 않을까?"

소크라테스의 제자이자 아테네의 유명한 철학자 플라톤은 자신의 저서 《향연》에서 소크라테스의 사생활에 대해 서술하고 있다. 여기서 서술하는 화자가 바로 알키비아데스다. 알키비아데스는 소크라테스가 무엇보다 정신력이 대단히 강한 사람이라고 말했다. 소크라테스가 알키비아데스와 함께 전투에 참여한 지역은 에게 해 북쪽에 위치한 아주 추운 도시 포테이다이아였다. 겨울에 포테이다이아에 부는 매서운 바람은 그 지역의 체감 온도를 더욱 낮게 했다. 밖으로 나가기 위해서는 외투 위에 두꺼운 옷을 겹겹이 껴입어야만 했고, 발은 담요로 꽁꽁 싸매거나 털가죽 신발을 신어야 할 정도였다. 그런 날씨에 소크라테스는 외투는커녕 속옷도 입지 않고 맨발로 얼음 위를 걸어 다녔다고 한다. 그가 얼마나 강인한 체력과 정신력을 지녔는지 짐작할 수 있다.

"승현아, 언젠가 텔레비전에서 본 적이 있을 거야. 추운 겨울날에

군인 아저씨들이 얼음을 깨고 들어가서 훈련받는 모습 말이야. 소크라테스도 마찬가지였어."

"아니야, 그보다 더했던 것 같은데? 군인들은 훈련 기간에만 그럴 뿐, 평상시에는 군화도 신고 군복도 입고 다니니까."

"정말 믿어도 되는 거야, 누나?"

"그럼 내가 거짓말이라도 한단 말이니?"

"아니야. 누나를 의심하는 게 아니라 그만큼 믿기 어려운 얘기라는 거지."

알키비아데스는 소크라테스를 워낙 좋아했으니 어쩌면 조금은 과장해서 표현했을 수도 있다. 음식에 대한 소크라테스의 태도도 마찬가지였다. 전쟁 중 보급로가 끊겨 식량이 부족할 때, 소크라테스는 다른 어떤 군인보다 강한 참을성을 보여 주었다고 알키비아데스는 말했다. 뿐만 아니라 음식이 생기면 아무리 맛이 없고 거친 음식이라도 달게 먹었다고 한다. 술도 한번 마시면 누구보다도 많이 마시지만 절대로 취하지는 않았다고 전한다.

소크라테스 나에 대해서 부정적인 생각을 가진 사람은 내가 믿는 다이몬도 부정적으로만 봅니다. 하지만 다이몬은 나에게 무엇을 하라고 시키는 것이 아니라, 하지 말라는 억제의 힘을 가지고 있습니다. 내가 무엇을 하려고 하면 다이몬은 때때로 못하게 막습니다. 다이몬의 소리는 언제 어디서 어떻게 들릴지 모릅니다. 이것이 바로 내가 믿는 다이몬입니다. 그리고 이 다이몬의 소리는 나에게 한 번도 무엇을 하라고 강요하지 않았습니다. 대신에 항상 무엇을 하지 말라고 했지요. 예를 들어 내가 무엇을 하려고 하거나 어디를 향해 가려고 할 때, 그렇게 하지 말 것과 그곳에 가지 말라고 말했습니다. 나는 다이몬의 소리를 양심의 소리라고 생각하고 무조건 따랐습니다.

우리가 소크라테스의 정신력과 체력에 관한 이야기를 나누는 사이, 소크라테스는 다이몬에 대한 자신의 생각을 펼치고 있었다. 소크라테스는 양심의 소리를 듣기 위해 길을 가다가도 문득 서곤 했다. 소크라테스가 갑자기 멈춰 서 있으면 사람들은 그가 또 다이몬의 소리를 듣고 있는 것이려니 생각했다. 그것을 말해 주는 하나의 재미난 이야기가 있다. 플라톤이 쓴 《향연》에 나오는 내용으로 소크라테스가 다이몬을 듣는 모습을 묘사한 부분이다. 나는 승현이와 가람이에게 이 이야기를 들려주었다. 줄거리를 말하자면 대략 이렇다.

고대 그리스의 희극 작가 아가톤은 당시 희극 경연대회에서 우승을 하였다. 아가톤은 우승을 자축하며 사람들을 초대하여 향연을 열었는데 아가톤의 친구였던 아리스토데모스가 소크라테스를 데리고 이 향연에 참석하였다. 아리스토데모스는 소크라테스 외에도 다른 몇몇 친구와 함께 수다를 떨며 아가톤의 집으로 향했다.

이때 아리스토데모스는 친구에게 소크라테스의 버릇을 먼저 말해 주었다. 소크라테스는 길을 가면서도 무엇엔가 홀로 생각에 잠기거나 뒤떨어져 걷는 경우가 많은데 그때마다 소크라테스는 먼저 가라고 했기 때문에 또 그런 일이 생겨도 신경 쓰지 말고 먼저 가면 된다는 것이었다. 아니나 다를까. 아리스토데모스 일행이 아가톤의 집에 도착했을 때, 소크라테스는 보이지 않았다. 화제의 인물 소크라테스를 기다리고 있던 집주인 아가톤이 손님들을 맞으며 물었다.

아가톤 어서 오게, 아리스토데모스여. 그런데 함께 오시기로 한 소크라테스는 어디 계시는가?

아리스토데모스 엇, 내 뒤에 계시지 않아?

아가톤 자네 뒤에는 아무도 없는데.

아리스토데모스 역시 또 중간에 무슨 일이 생겼군.

아가톤 무슨 일이라니? 안 되겠군. 하인에게 소크라테스를 찾아오라고 해야겠어.

아리스토데모스 하인을 보내도 소용없을 것이네.

하인 아가톤 어르신, 지금 소크라테스는 다른 집 앞에 가만히 서 계십니다. 제가 아무리 우리 집으로 들어오시라고 해도 들은 척도 하지 않으십니다.

아가톤 자네의 말을 아마도 못 들었을 것이니 다시 모시고 오게.

다이몬에 대하여

6

> **아리스토데모스** 소용없을 거야. 못 들은 것이 아니라 지금 움직일
> 수 없는 상태일 거야.
>
> **아가톤** 무슨 말이야. 못 움직이다니?
>
> **아리스토데모스** 나중에 천천히 설명할게. 조금 있으면 들어오실 테
> 니 우리 먼저 들어가세.
>
> **아가톤** 그래도 상관없을까?
>
> **아리스토데모스** 나를 믿게. 자, 들어가세.

소크라테스는 어릴 때부터 자신의 귀에 무엇인가가 들린다고 했
다. 그리고 그것은 무엇을 부추기는 소리가 아니라 하지 말라는 통제
의 목소리였다고 한다. 그래서 그는 그 소리를 양심의 소리라고 믿었
고, 항상 다이몬의 소리에 귀 기울였다고 한다. 소크라테스는 이 다
이몬의 명령을 한 번도 어기지 않았고, 듣지 않은 적이 없었다고 말
한다. 이 정도면 양심의 명령이라 해도 상관없지 않을까? 그러나 문
제는 그것으로 끝나지 않았다.

소크라테스 양심의 소리인 다이몬을 믿은 것이 나를 무신론자로 몰
줄은 몰랐습니다. 나는 분명 다이몬이라는 신을 믿습니다만, 저기 있
는 멜레토스는 나를 무신론자로 몰았습니다. 그리고 나는 이 자리에
서 있습니다.

푸르토스 그 잘난 논리로 당신이 무신론자가 아니라는 사실을 증명해 봐.

스크루폴루스 젊은이를 타락시키지 않았다는 것도 증명해야지.

호리두스 우리가 이렇게 의기양양할 게 아니야. 우리가 저 자에게 속지 않으려면 열심히 들어야 해.

소크라테스 그렇지 않아도 나는 이제부터 이 두 가지에 대해서 변론을 시작하려고 합니다.

소크라테스의
두 가지 죄

집정관 소크라테스 당신은 멜레토스의 고소 사실을 인정하느냐는 나의 질문에 대해 답변이나 변론을 하기 전에 당신 얘기부터 했습니다. 다시 묻겠습니다. 당신은 멜레토스의 고소 사실에 대해서 모두 인정합니까?

소크라테스 멜레토스가 고소한 사실에 대해서 드디어 내가 변론할 시간이 왔군요. 오늘 하루 일당을 위해 재판에 참여해 주신 아테네 사람들이여! 나는 멜레토스가 하는 말이 무슨 말인지 모르겠습니다. 내가 이렇게 말하면 여러분은 걱정부터 될 것입니다. 여러분은 재판관으로 이 자리에 앉기 전에 여러 사람들로부터 잘못하면 나에게 속을 것이니 조심하라는 말을 많이 들었을 테니까요. 하지만 너무 걱정 마십시오. 나는 그들이 생각하는 것처럼 그렇게 말을 잘하는 사람도 아니며, 여러분을 속일 만큼 파렴치한도 아닙니다. 여러분은 그들에게서 나에 대한 어떤 진실도 듣지 못했으며, 분명한 것은 지금부터 나에 대한 모든 진실을 듣게 될 것이란 사실이오.

집정관 방청석에 계시는 분들은 조용히 해 주시고, 피고인은 멜레토스가 주장하는 말에 대해서 죄가 있는지 없는지에 대해서 말하시오.

소크라테스 당연히 말해야지요. 저에 대해서 두 가지 죄를 물었으니, 하나씩 말해야겠죠. 먼저 아테네의 젊은이들을 타락시켰다는 죄에 대해서 변론하겠습니다.

"언니, 이제 알겠다."

"뭐를?"

"플라톤이 쓴 책 중에 《소크라테스의 변론》이라고 있잖아? 그 책 제목이 왜 그렇게 정해졌는지 알겠다고."

"누나, 그게 무슨 소리야?"

"응, 승현아. 플라톤의 저서 중에서 《소크라테스의 변론》이라는 책이 있는데, 그 책이 바로 지금 우리가 보고 있는 이 장면을 담고 있어."

"그래, 가람이 말이 맞아. 소크라테스가 재판받은 날 스스로 한 변론을 플라톤이 모두 기억하고 있다가 나중에 책으로 펴냈지."

"언니, 그 자리에 플라톤도 방청객으로 참석한 거야?"

"응, 참석했어."

《소크라테스의 변론》이라는 책에 관한 질문과 답이 오가는 사이 소크라테스가 본격적인 변론을 시작했다.

소크라테스 아니토스와 멜레토스 그리고 리콘은 나를 아테네 젊은이를 타락시켰다는 죄로 고소했습니다. 하지만 나는 오히려 멜레토스야말로 죄인이라고 생각합니다.

멜레토스 내가 당신을 고발했는데, 왜 내가 죄인입니까?

소크라테스 자네는 지금까지 단 한 번이라도 아테네 젊은이들이 어떻게 하면 훌륭하게 자랄 수 있는지에 대해 생각해 본 적 있는가?

멜레토스 당신을 고소한 것과 내가 아테네의 젊은이들이 훌륭해지길 바라는 것과 무슨 관계가 있습니까?

소크라테스 내가 알기로 자네는 젊은이들이 어떻게 자라나든 전혀 관심이 없는 것으로 알고 있네. 그런데 갑자기 내가 젊은이를 타락시켰다고 고소했으니, 혹시 자네가 지금까지 젊은이들에게 조금이라도 관심이 있었는지 알고 싶어서 물었네.

멜레토스 그것과 내가 죄인인 것은 무슨 관계가 있습니까?

소크라테스 자네는 젊은이에 대해서 전혀 관심이 없으면서 마치 관심이 많은 사람인 척하고 있지 않은가. 그럼 다르게 질문하겠네. 멜레토스, 자네는 누가 혹은 무엇이 젊은이들을 훌륭하게 만든다고 생각하는가?

멜레토스 그것은 법률이요.

소크라테스 그럼 법률을 잘 알고 있는 사람은 누군가?

멜레토스 그거야 당연히 여기 모인 배심원들입니다.

소크라테스 그렇다면 여기 있는 이 배심원들이 젊은이를 교육시킬 수 있고, 훌륭하게 할 수 있다는 말인가?

멜레토스 그렇습니다.

소크라테스 다시 묻겠네. 여기 있는 사람 전부를 말하는 것인가, 아니면 일부 사람을 말하는 것인가?

멜레토스 당연히 모든 사람입니다.

소크라테스 여기 있는 배심원들이 젊은 사람들을 훌륭하게 교육시킬 수 있다니 정말 기쁘군. 그 외는 없는가?

멜레토스 아닙니다. 그들을 중심으로 여기 계신 방청객도 젊은이를 훌륭하게 교육시키기에 충분하다고 생각합니다.

소크라테스 더 이상은 없는가?

멜레토스 아테네 시민, 국회의원, 정치인 등등 모두 젊은이들을 훌륭하게 가르칠 수 있습니다.

소크라테스 결국 자네가 하고 싶은 얘기는 모든 아테네 인이 젊은이를 훌륭하게 가르칠 수 있는데, 나만 아테네 젊은이를 타락시키고 있다는 말이군. 그러한가?

멜레토스 그렇습니다.

소크라테스 멜레토스여, 내가 한 가지 예를 들어 볼 테니 대답해 주게.

멜레토스 네, 얼마든지 해 드리겠습니다.

소크라테스 여기 야생에서 생포한 말이 한 마리 있다고 생각해 보게.

이 말을 훌륭하게 길들이기 위해서는 평범한 여러 명이 필요한가, 아니면 기술을 가진 딱 한 사람이 필요한가.

멜레토스 ……

소크라테스 자네가 대답하지 않을 줄 알았네. 자네뿐 아니라 자네 친구들이 찬성하든 반대하든 야생말을 키우고 길들이는 데에는 모든 사람이 아니라 한 사람의 기술자면 충분하네. 물론 다른 동물도 마찬가지일세. 젊은이를 교육시킬 사람에게도 기술이 필요하네. 아무나 혹은 모두가 다 교육을 시킬 수 있는 것은 아니네.

멜레토스 당신이 뭐라고 하든지 당신은 젊은이를 타락시킨 사람이 분명합니다.

소크라테스 오직 나 한 사람만이 젊은이를 부패시키고 다른 모두가 젊은이에게 도움을 준다면, 우리 젊은이들은 참으로 행복한 환경에서 산다고 할 수 있을 것이네. 그러나 지금 자네와 이야기하면서 한 가지 분명한 사실을 알았네.

멜레토스 그게 무엇입니까?

소크라테스 자네는 아테네의 젊은이에 대해서 무지할 뿐 아니라 나를 오늘 이 법정에 끌어낸 것에 대해 전혀 개의치 않는다는 것을 말일세.

멜레토스 무슨 말씀입니까? 말도 안 되는 소립니다.

소크라테스 그렇다면, 한 가지만 더 묻지. 자네는 선한 사람들과 함께 살고 싶은가? 아니면 악한 사람들과 함께 살고 싶은가?

멜레토스 선한 사람과 함께 살고 싶습니다.

소크라테스 그렇지. 악한 사람은 자신과 가까이 있는 사람에게 손해를 입히지만, 선한 사람은 주변 사람들에게 이익을 베풀지 않는가?

멜레토스 그렇습니다.

소크라테스 사람들은 함께 있으면서 도움을 받기를 원하지 손해를 입기를 원하지 않을 것일세. 그렇지 않은가?

멜레토스 당연하죠. 손해를 바라는 사람은 없습니다.

소크라테스 그럼 자네는 내가 젊은이를 고의로 타락시켰다고 여기는가, 아니면 실수로 타락시켰다고 여기는가.

멜레토스 당연히 고의로 젊은이들을 부패시켰다고 생각하여 당신을 고소했습니다.

소크라테스 자네는 분명 사람들은 선한 사람과 함께 있고 싶어 하고 도움을 받기를 원하는 사람과 함께 있기를 바란다고 했네. 젊은이들이 바보가 아닌 이상 자신들에게 해를 끼치는 사람과 가까이 할 것이라고 생각하나?

멜레토스 당신은 젊은이들을 속이고, 말도 안 되는 논리로 그들을 꾄 것입니다.

소크라테스 나는 젊은이를 꾄 적도 없고 부패시킨 적도 없네. 만약 내가 그랬다면 그것은 고의가 아니었을 것일세.

멜레토스 아닙니다. 당신은 고의로 그랬습니다.

소크라테스 만약 내가 고의로 젊은이를 꾀었다는 자네 말이 옳다면, 자네는 나를 법정에 세울 것이 아니라 내가 젊은이를 타락시키고 있으니, 그렇게 하지 말라고 나에게 올바른 가르침을 주었어야 할 것이 아닌가? 지금 내가 서 있는 이 법정은 가르침을 받을 사람이 오는 곳이 아니라 징계나 벌을 받아야 할 사람이 오는 곳이 아닌가. 그렇지 않은가?

멜레토스 그래서 저는 당신을 고소한 것입니다.

소크라테스 자네는 나를 가르치기보다 재판을 통해 나에게 벌을 주는 더 쉬운 방법을 택한 것이네. 하지만 자네가 알지 못하는 것이 있네.

멜레토스 그것이 무엇입니까?

소크라테스 자네 말처럼 만약 내가 젊은이를 타락시켰다면 그렇게 많은 젊은이들이 나를 따랐겠는가? 그리고 아테네 어른들은 또 어떤 사람들인가. 그들이 자신의 자식들이 타락의 길을 걷고 있다는 것을 알고도 나에게 그들을 보냈겠는가. 저기 방청석에 앉아 있는 내 제자들을 보게. 저들 중에는 형제가 있는가 하면 아버지와 아들도 있네. 이렇게 가족이 나를 찾아와서 무엇인가 배우려고 한 것이 자네 눈에는 타락으로 보이는가? 자네의 생각은 틀렸네. 자네의 고소는 잘못되었어. 저 사람들이야말로 내가 젊은이를 타락시켰다는 자네의 주장이 틀렸다는 것을 보여 주는 아주 중요한 증거네. 알겠는가.

멜레토스는 더 이상 말을 잊지 못했다. 플라톤의《소크라테스의 변론》에 보면 실제로 당시 재판정의 방청객 중에는 소크라테스를 따르던 제자나 친구들이 많았다. 그중에는 형제나 부자지간이 많았다. 그랬기 때문에 멜레토스가 더는 반박하지 못했던 것으로 보인다.

기술을 가진 자만이 그 기술에 맞는 일을 할 수 있다고 소크라테스는 말했다. 야생말을 모든 사람이 다 길들일 수 있는 것이 아니듯 말이다. 또한 소크라테스는 사람을 훌륭하게 교육시키는 일은 기술을 가진 자만이 가능하다고 했다. 소크라테스는 그런 기술을 가졌다는 말일까? 그러하다. 그는 부모로부터 배운 조각술과 산파술을 중심으로 대화법을 개발했고, 지혜를 잉태한 젊은이들이 훌륭하게 성장하는 법을 가르쳐 주었다. 그런데 그게 오히려 젊은이를 부패시킨 행위로 여겨진 것이다. 누가 그렇게 했을까?

소크라테스 내가 묻는 말에 대답을 하지 않으니 자네의 속내를 알 수 없군. 하나만 더 물어 보세. 멜레토스여, 나만 빼고 모든 아테네 사람들이 젊은이를 가르칠 수 있다면, 모든 사람들은 나보다 지혜롭다는 뜻이 아닌가.

멜레토스 그렇습니다.

소크라테스 그렇다면 자네도 나보다 지혜롭다는 뜻인데 자네는 어째서 나보다 더 모르는가.

멜레토스 무슨 말입니까?

소크라테스 악한 사람과 같이 있으면 악한 일을 하고 선한 사람과 함께 있으면 선한 사람이 된다고 자네는 말했네. 그런데 어찌 자네는 자네와 함께 있는 사람이 자네를 나쁜 일에 끌어들였는데도 그것을 눈치채지 못하고 이렇게 나를 고발한 것인가?

멜레토스 무슨 말씀입니까?

소크라테스 자네도 알다시피 나를 고발한 사람은 자네 혼자가 아니네. 다른 두 사람은 왜 법정에 나타나지 않고 마치 자네 혼자 고발한 것처럼 법정에 나타났느냐는 말일세. 자네가 아무리 부인해도 아니토스와 리콘은 자네보다 영리하니까 이 법정에 나타나지 않고 모든 것을 자네 혼자 생각한 것처럼 하려고 했다는 걸 우리 모두 알고 있다네.

멜레토스 나는 그들의 부탁을 받아 당신을 고발한 것이 아닙니다. 나의 뜻에 따라 고발했습니다.

소크라테스 그랬겠지. 하지만 자네는 이런 일에 관심을 가질 만큼 여유 있는 사람이 아닐세. 그렇지 않은가. 아테네인이여, 당신들도 분명히 알 것입니다. 멜레토스는 결코 이런 일에 관심이 없다는 것을 말입니다.

"언니, 소크라테스는 멜레토스가 누구로부터 조종당한다고 여기는 거야?"

"멜레토스는 아니토스와 리콘을 대신하여 대표자로 홀로 나왔잖아. 아마도 다른 두 사람은 재판정에 나타나기 부담스러웠거나 소크라테스의 죄를 입증할 만한 증거를 충분히 수집하지 못했기 때문일 거야."

"결국 가장 자신 있어 하던 멜레토스도 소크라테스의 논리에 꼬리를 내린 거구나."

"맞아. 승현이 말처럼 소크라테스의 논리력은 쉽사리 당해 낼 수 없다고 생각했을 거야."

가람이와 승현이의 투덜거림 속에서도 시간은 흘렀다. 멜레토스는 소크라테스의 말에 더는 대답할 말이 없어 보였다. 배심원과 방청석의 사람들도 모두 아무 말이 없었다. 소크라테스가 말을 끝내자 지루한 침묵이 흘렀다. 재판정을 가득 채운 고요한 침묵을 깬 건 집정관의 목소리였다.

마지막
변론을 하다

집정관 아테네 젊은이를 타락시켰다는 멜레토스의 죄목에 대해서 소크라테스는 충분히 변론한 것으로 보입니다. 첫 번째 고소에 대해 멜레토스가 더 할 말이 없으면 두 번째 고소 내용으로 들어가겠습니다. 소크라테스는 고소 내용을 인정하십니까?

소크라테스 인정하느냐고 물으셨습니까? 나는 첫 번째 죄목에 대해서도 무죄를 주장하지만, 두 번째는 더더욱 무죄를 주장합니다.

집정관 고소장에 따르면 아테네가 믿는 신을 믿지 않고, 소크라테스 당신만이 믿는 다이몬이라는 신을 믿었다고 적혀 있습니다. 그것이 사실입니까?

소크라테스 다이몬을 믿은 것은 사실입니다. 그렇다고 아테네가 믿는 신을 믿지 않았다는 것에 대해서는 인정할 수 없습니다.

멜레토스 당신이 다이몬을 믿는 것은 사실이고, 그로 인해 당신의 친구들과 제자들 또한 아테네가 믿는 신이 아닌 다이몬을 믿게 된 것도 사실입니다.

집정관 원고인 멜레토스는 소크라테스가 무신론자로 신을 믿지 않는 다고 고소했지만, 피고인 소크라테스는 다이몬이라는 신을 믿는다고 하니 어느 쪽 말이 맞는지 모르겠습니다. 피고인 소크라테스에게 자신이 믿는 신에 대해서 변론할 시간을 주겠습니다. 변론하십시오.

데스페란스 변론할 시간이 왜 필요해?

트리시투스 저 사람이 우리와 다른 신을 믿는다는 사실은 확실하잖아! 굳이 저 사람 말을 들어서 뭐해? 이단을 믿으라는 거야 뭐야? 빨리 재판 끝내지 않고 뭐 하는 겁니까!

집정관 방청객은 조용히 하십시오. 피고인은 변론 시작하세요.

소크라테스 멜레토스여, 내가 자네에게 질문을 하기 전에 분명히 해두고 싶은 것이 있네. 분명히 말하지만 나는 신이 있다고 믿기 때문에 무신론자는 결코 아니네. 하지만 자네는 나를 무신론자라고 고소했네. 내 말이 맞는가?

멜레토스 그렇습니다.

소크라테스 그럼 우리는 여기서 한 가지 분명히 하고 넘어가세. 내가 묻는 말에 잘 대답해 주길 바라네. 첫째, 자네는 내가 무신론자는 아니지만 나만의 신을 믿기 때문에 나를 고발한 것인가? 둘째, 내가 아테네가 믿는 신을 믿지 않고 다른 신을 믿어서 나를 고발한 것인가? 아니면 셋째, 내가 어떤 신도 믿지 않고 친구들과 제자들에게도 그렇게 하라고 가르쳤기 때문에 나를 고발한 것인가?

멜레토스 나는 세 번째 이유로 당신을 고발했습니다. 제가 보기에 당신은 어떤 신도 믿지 않는 무신론자임에 틀림없습니다.

소크라테스 내가 신을 믿지 않는다고? 그렇게 생각하는 이유가 뭔가. 아테네 사람들이 해와 달을 신이라고 믿는데 나는 그렇지 않기 때문에 무신론자라고 생각하는가? 아테네 시민들이여, 아낙사고라스를 비롯한 몇몇은 해는 돌로, 달은 흙으로 만들어져 있다고 했습니다. 그래서 그들은 해와 달을 신이라고 믿지 않습니다. 나도 그들과 마찬가지로 해와 달이 신이라고 생각하진 않습니다. 만약 이런 점에서 무신론자로 고소한다면 멜레토스는 내가 아니라 아낙사고라스를 고소해야 했습니다. 그렇지 않은가, 멜레토스?

멜레토스 …….

소크라테스 자네도 지혜로운 사람이라면 아낙사고라스의 책을 읽지 않았다고 말하지는 않겠지. 그렇게 책에 있는 내용을 마치 나의 학설인 양 젊은이들에게 가르친다면 나를 따르는 젊은이들은 얼마나 나를 조롱하고 웃음거리로 생각하겠는가. 다시 한 번 묻겠네. 자네는 해와 달이 신인데 내가 믿지 않는다고 생각하는가?

멜레토스 어찌되었든 당신은 신을 전혀 믿지 않습니다.

"언니, 멜레토스의 주장이 너무 엉터리인 것 같아."

"누나, 아낙사고라스라는 철학자는 해와 달이 신과 관계없다고 주장한 거야? 그리스 신화를 보면 해와 달도 모두 신이 관장하고 있다고 하잖아."

"응, 아낙사고라스는 태양은 붉고 뜨거운 돌이고, 달은 차가운 돌덩어리라고 했어. 운석이나 혜성에 대해서도 자신의 주장을 펼쳐서 당시에 엄청난 파장을 일으켰어."

"아낙사고라스는 정말 대단한 천문학자였구나."

"응, 맞아. 아낙사고라스의 천문학은 오늘날의 학설과 굉장히 비슷한 내용이 많아."

"누나, 그런데도 아낙사고라스는 신을 믿지 않는다는 이유로 사형당하지 않았어?"

"너도 잘 알겠지만 아테네의 민주주의 법체계가 완성된 것은 펠로폰네소스 전쟁을 전후한 기원전 5세기 말엽부터야. 그런데 아낙사고라스는 그 이전 사람이거든. 아테네에서 잠시 사람들을 가르치긴 했지만 그가 태어난 곳은 터키 동쪽이었어. 그렇다 보니 아낙사고라스는 자신의 사상을 주장하는 데 있어 소크라테스보다 자유로웠지."

"한마디로 학문의 자유가 있었다는 얘기네. 참 좋았겠다."

"소크라테스도 그때 태어났어야 했는데, 불쌍하게도 조금 더 늦게 태어나서 저런 꼴을 당하고 있네."

소크라테스 아낙사고라스의 문제를 다 떠나 자네는 나를 어떤 신도 민지 않는다며 무신론자라고 고소했네. 그런데 내가 궁금한 것은 자네는 내가 아테네가 믿는 신을 믿지 않고 다이몬이라는 새로운 신을 믿고 있다고 생각하는가? 그리고 내가 친구들과 제자들에게 다이몬을 가르치는 것이 그들을 타락시키는 거라고 생각하는가?

멜레토스 그렇습니다.

소크라테스 흠……. 내친 김에 한 가지 예를 들어 보겠네. 자네는 사람이 하는 일이 있지만, 사람이 없다고 말하면 믿겠나? 즉 사람이 있어야 사람이 하는 일이 있는 것 아닌가?

멜레토스 당연히 사람이 있어야 사람이 하는 일도 있겠지요.

소크라테스 그럼 마찬가지로 야생말이 하는 일이 있다는 것은 야생말이 있어야 가능하겠군.

멜레토스 물론입니다.

소크라테스 마찬가지로 피리 부는 사람이 있다는 것은 믿지 않으면서 피리 부는 일이 있다고 믿는 사람이 있을까?

멜레토스 도대체 제게 무슨 질문을 하는 것입니까? 말도 안 됩니다.

소크라테스 화만 내지 말고 내 질문에 대답을 해 주게. 그런가, 그렇지 않은가?

멜레토스 피리 부는 일이 있다는 것은 당연히 피리를 부는 사람이 있다는 뜻이겠지요.

소크라테스 같은 방법으로 모든 사람들은 다이몬이 하는 일이 있다고 믿네. 그러면서 다이몬이 없다고 하면 믿을 사람이 있겠는가?

멜레토스 ······.

　

"소크라테스의 논리가 아주 그냥 명쾌하네! 속이 다 시원해."

"피리가 있어야 피리 연주자가 있고 사람의 삶은 사람이 있기 때문에 가능하다는 거잖아. 그것보다 명쾌한 진리가 또 어딨겠어?"

"'사람의 삶'에 '사람'이 없다거나 '피리 연주자'는 있는데 '피리'가 없다고 말하면?"

"그건 당연히 모순이지!"

"그래, 맞아. 이제 너희도 소크라테스의 논리에 익숙해졌는데?"

　

소크라테스 자네가 지금 내 말에 동의한 것처럼 '다이몬이 하는 일'이 있으려면 '다이몬'이 있어야 하는 것 아닌가?

멜레토스 그렇습니다.

소크라테스 그렇다면 다이몬은 있는 것이 아닌가?

멜레토스 있습니다.

소크라테스 다이몬은 신의 자식일세. 자네도 알겠지만 신의 자식을 우리는 마찬가지로 신이라고 하지 않는가.

멜레토스 그렇습니다. 신의 자식도 우리는 신이라고 할 수 있습니다.

소크라테스 그렇다면 다이몬을 믿는 나는 신을 믿는 것이 아닌가?

멜레토스 (한참 망설인 후에) 그렇다고 할 수 있습니다.

소크라테스 하지만 조금 전에 자네는 나를 아무런 신도 믿지 않는 무신론자로 고발한다고 하지 않았나?

멜레토스 그렇습니다.

소크라테스 아테네 시민들이여, 지금 멜레토스가 한 말을 들었습니까. 그는 조금 전까지만 해도 나를 어떤 신도 믿지 않는 무신론자로 고발했습니다. 그러나 지금은 최소한 다이몬을 믿는다고 말을 바꾸었습니다. 이제 나는 멜레토스의 고소장에 있는 것처럼 죄인이 아니라는 것에 대해서 많은 설명이 필요하지 않다고 생각합니다. 그렇지 않습니까, 아테네 시민들이여!

집정관 원고인 멜레토스의 고소에 대한 피고인 소크라테스의 변론을 우리는 충분히 들었습니다. 그럼 지금부터 재판관들이 멜레토스가 고발한 소크라테스의 죄에 대한 판결을 먼저 내리겠습니다.

사람의 자식이 사람이듯 신의 자식도 신이라는 소크라테스의 말에 재판관도, 멜레토스도 이의를 제기하지 못했다. 문제는 고소장이 아니다. 소크라테스가 아테네 젊은이를 타락시켰다는 것도, 신을 믿지 않는다는 것도 스스로 변론을 통해 그렇지 않다는 것이 증명되었다. 아니토스의 명을 받고 멜레토스가 대표로 소크라테스를 고발했을 때, 소크라테스가 재판관과 멜레토스를 설득할 것이라는 가능성도 염두에 두었을 것이다. 결국 재판관들이 이제 어떤 판결을 내리느냐가 관건이었다.

"누나, 이제 재판이 끝난 거야?"

"아니야. 이제 멜레토스의 고발에 대한 소크라테스의 변론이 있었으니 배심원들이 소크라테스가 유죄인지 무죄인지를 결정하게 될 거야. 만약 소크라테스가 유죄로 판명되면 그다음 멜레토스가 형량을 정하게 돼."

"뭐라고? 원고인 멜레토스가 형량을 정한다고?"

"응, 고대 그리스에서는 원고가 피고인를 상대로 형량을 정하면 배심원이 결정했어."

"오늘날하고는 조금 다르네."

"가람아, 조금이 아니라 많이 달라."

"또 뭐가 더 있어?"

"응. 지켜보면 알아. 무슨 일이 일어나는지."

"누나, 난 도무지 뭐가 뭔지 모르겠네. 그런데 재판이 오늘 중에 끝나긴 끝나는 거야?"

"승현아, 걱정 마. 곧 끝날 거니까."

오늘날 재판에 익숙해져 있는 사람들은 당시의 재판이 조금은 이상할 것이다. 원고인의 고발장 낭독, 피고인의 변론, 배심원의 유죄 혹은 무죄 판결, 그리고 원고인의 형량 요청, 마지막으로 배심원의 형량 결정. 이 모든 것이 하루 만에 다 끝났다는 것이 그리스 재판의 특징이었다.

"언니, 그럼 이제 500명의 배심원들이 입장할 때 받은 청동 원반을 들고 소크라테스가 유죄인지 무죄인지 결정할 시간이야?"

"그렇지."

"누나, 저 사람들이 다 투표하려면 시간이 꽤 걸리겠다."

"우리가 아무리 소크라테스의 무죄 판결을 빌어도 구멍 없는 원반을 넣는 사람이 많지 않겠지?"

"그러게 말이야. 불쌍한 소크라테스."

"아니야. 얘들아, 열심히 빌어 봐. 혹시 다이몬이 나타나서 소크라테스를 도와줄 수도 있잖아. 우리도 타임머신을 타고 여기까지 왔는데, 재판 결과가 달라지지 말라는 보장이 있어?"

"가람 누나, 그럴 것이 아니라 여기 있는 파란색 버튼을 확 눌러 버릴까? 그럼 우리가 저들의 눈에 보일 테니까. 우리가 한마디 하는 거야. 이 재판은 잘못되었습니다. 후세 사람들이 당신들을 얼마나 욕하는지 아세요? 지금이라도 판단력을 잃지 마세요!"

"지금 구멍이 있는 청동 원반을 청동 항아리에 넣으려는 배심원들은 빨리 구멍이 없는 것으로 바꿔 넣으세요."

"얘들이 아주 드라마를 쓰고 있네."

"언니, 진심이야. 우리가 지금 파란색 버튼을 눌러야 한다고!"

"맞아, 누나. 우리가 지금 역사를 바꿀 수 있는 순간에 서 있는 거라고."

"너희 말도 일리는 있지만, 우리는 그저 흘러가는 시간의 여행자일 뿐이야."

집정관 1차 재판 결과를 말씀드리겠습니다. 280 대 220으로 피고인 소크라테스에게 유죄를 판결합니다. 원고인 멜레토스는 형량을 정해 주시기 바랍니다.

멜레토스 존경하는 배심원 여러분, 저는 여러분들이 피고인에게 유죄를 선고한 것은 저의 고소장 내용 모두를 인정한 것으로 이해하겠습니다. 소크라테스에게 두 가지 죄를 모두 적용하여 그에게 사형을 내릴 것을 요청합니다.

고대 그리스에서는 장기간의 징역형이 없었다. 법정에서는 주로 벌금형, 재산 몰수, 시민권 박탈, 추방 혹은 사형 등의 형벌이 있었다. 배심원 500명 중 280명이 소크라테스에게 유죄를 판결하였다. 정말 근소한 차이로 소크라테스는 유죄 판결을 받은 것이었다. 그리고 그 판결에 따라 멜레토스는 아테네 법정이 내릴 수 있는 여러 가지 형벌 중에서 가장 수위가 높은 사형을 요청했다. 사형은 멜레토스가 고소하기 이전에 아니토스와 리콘과 함께 이미 상의한 처벌이었다.

소크라테스에게 유죄 판결이 나면 멜레토스는 배심원들에게 사형을 요청할 계획이었던 것이다.

집정관 소크라테스, 피고인의 형량에 대해 인정합니까? 아니면 다른 형량을 원합니까?

소크라테스 형량을 인정하느냐고요? 아테네 시민들이여, 당신들은 내가 어떤 형량을 원한다고 생각합니까? 나는 죄가 없기 때문에 처음부터 무죄를 원했던 사람입니다. 그런데 당신들은 나에게 죄가 있다고 판결했고, 멜레토스는 사형을 원합니다. 그런 내가 원하는 것이 무엇이 있을까요? 나는 가진 재산이 없기 때문에 재산 몰수도 불가합니다. 만약 여러분이 나의 아테네 시민권을 박탈하고 다른 도시 국가로 추방한다면, 난 무엇을 할까요? 아테네에서 한 일과 똑같은 일을 나는 그곳에서도 할 것입니다. 그렇다면 그곳에서도 나는 누군가로부터 고소당해 역시 지금과 같은 문제로 고민을 하겠죠. 남은 것은 벌금형뿐입니다. 그런데 문제는 내가 가진 재산이 없다는 것입니다. 나의 재산을 모두 모은다고 하면 은화 한 닢 정도는 벌금으로 낼 수 있을 것입니다.

세쿠리타스 정말 뻔뻔하네. 은화 한 닢이라니. 은화 한 닢은 그냥 죽기로 작정한 것이나 마찬가지잖아. 사형을 원하는 사람이 있는데, 추방도 아니고 재산 몰수도 아닌 은화 한 닢이라고?

이디오투스 역시 소크라테스는 뻔뻔하고 부끄러움을 모르는 사람임이 틀림없어. 아무리 가진 것이 없어도 그렇지, 너무하네.

집정관 방청객은 모두 조용히 해 주세요. 피고인, 당신은 유죄를 판결받았고, 고소인 멜레토스는 사형을 원합니다. 피고인은 법정을 존중해 주십시오. 은화 한 닢이라니요? 부디 법정의 권위를 생각하여 그에 걸맞은 형을 스스로 결정해 주시기 바랍니다. 은화 한 닢의 벌금은 우리 재판관을 모독할 뿐 아니라 아테네 법정을 모독하는 행위입니다.

소크라테스 나는 재판관도 법정도 모독할 생각이 없습니다. 오히려 여러분이 나를 그렇게 만들었습니다. 나의 변론에서 멜레토스도 이미 내가 무죄라는 것을 인정했습니다. 그런 내가 할 수 있는 것이 무엇이겠습니까?

집정관 친구들과 제자들이 할 말이 있다고 하니 먼저 그들과 상의하는 것이 어떻겠습니까?

"누나, 피고가 형량을 직접 정할 수 있다니 신기하면서도 괜찮은 제도인 것 같아."

"응, 그렇지? 유죄 판결을 받은 피고에 대해 원고가 형량을 정하면, 그 형량에 대해서 피고가 스스로 조정할 수 있었어."

"그렇지. 피고가 잘만 이용하면 정말 괜찮은 제도야."

"그런데 소크라테스가 너무했네. 사형을 얘기한 사람 앞에서 은화 한 닢이 뭐야."

"나도 그렇게 생각해. 어느 정도 벌금을 내고 사형을 면하지, 소크라테스도 참 바보네."

"어쩌면 소크라테스는 살 수 있는 기회를 스스로 포기한 것이나 마찬가지 아니야?"

"글쎄, 나름대로 이유가 있지 않을까?"

"그 이유야 우리도 들었잖아. 난 죄가 없다. 그리고 돈도 없다. 그러니 마음대로 하세요. 그렇지 않아, 언니?"

"일단 소크라테스 얘기를 계속 들어 보자."

소크라테스 나는 친구들과 상의했습니다. 그들은 나를 대신해서 은화 30닢을 벌금으로 납부하겠다고 합니다. 그들은 나보다 부자이기 때문에 그 정도의 벌금은 물어 줄 능력이 되나 봅니다. 그들의 뜻을 받아들여 다시 형량을 정하겠습니다. 나는 무죄이지만 배심원의 판결이 그렇고, 멜레토스가 원하는 것이 사형이니 친구의 도움을 받아 은화 30닢으로 내 형량을 정하고자 합니다.

집정관 자, 이제 소크라테스도 유죄를 인정하고 스스로 형량을 정했습니다. 소크라테스의 형량을 받아들일 것인지, 아니면 멜레토스의 형량을 받아들일 것인지 2차 투표를 하도록 하겠습니다.

"언니, 재판이 정말 재미있다. 원고가 형량을 정하는 것도 그렇고, 피고 스스로 자신의 형량을 배심원에게 말하는 것도 그렇고. 마지막으로 원고와 피고의 형량을 놓고 다시 투표하는 것도 그렇고. 아테네가 최초의 직접 민주주의 국가였다는 말이 정말 실감 나."

"근데 가람 누나, 벌금형과 사형만 있고 징역형이 없었다고 하니 사형 선고만 받지 않는다면 그렇게 크게 문제될 것도 없잖아."

"맞아. 너희가 생각하는 것처럼 사형 선고를 받았다고 하더라도 스스로 죄를 인정한 사람은 대부분 사형을 면하기 위해 노력했어."

실제로 고대 그리스 아테네에서 사형을 선고받은 사람들은 법정에 가족을 데려와서 배심원들의 연민을 자아냈고, 그로써 용서나 선처를 구하기도 했다. 하지만 소크라테스는 가족을 법정에 나오지 못하게 했고, 동정을 구하거나 어떠한 변명의 말도 하지 않았다. 스스로 무죄라는 것을 확신했고, 죄가 없기 때문에 자신의 형량도 정할 수 없다고 생각했기 때문이다. 소크라테스는 자신이 유죄 판결을 받은 것이 아테네의 몇몇 사람들이 자신을 미워하고 질투하여 모략한 결과라고 여겼다.

집정관 여러분 오래 기다렸습니다. 드디어 2차 투표 결과가 나왔습니다. 발표하겠습니다. 2차 투표에서는 1차 투표 때보다 더 많은 360명의 배심원이 소크라테스에게 유죄 판결을 하였습니다. 따라서 본 법

정은 멜레토스가 요청한 형량에 따라 소크라테스를 사형에 처하고
자 합니다. 피고인 소크라테스는 마지막 변론을 하십시오.

1차 투표 때와 같이 모든 배심원들은 자신이 갖고 있던 청동 원
반을 청동 항아리에 넣었고, 집정관을 중심으로 몇몇 관리들은 청동
원반을 정리한 후에 2차 투표 결과를 발표하였다. 집정관이 발표한
대로 2차 투표에서는 더 많은 배심원이 소크라테스의 유죄를 인정했
다. 멜레토스가 요청한 형량과 소크라테스가 스스로 정한 형량의 차
이가 너무도 컸기 때문에 오히려 악영향을 미쳤을 수 있다. 또한 소
크라테스가 끝까지 자신이 무죄라고 주장한 것이 화근이 되었을 수
도 있다. 집정관의 마지막 판결이 내려지자 관중석이 웅성거리기 시
작했다. 소크라테스는 마지막 변론을 하기 위해서 조용히 일어났다.

소크라테스 나에게 유죄 판결을 내린 아테네 사람들이여, 당신들은 아
테네를 음모하려는 사람들과 한편이 되어 현명한 사람을 죽였다는
비난을 면치 못할 것입니다. 내가 논리나 능력이 부족하여 사형 선고
를 받은 게 아닙니다. 내가 뻔뻔하고 부끄러움을 모르는 사람이었다
면 나는 여러분에게 아첨의 말을 했을 것입니다. 하지만 나는 변명하
고 아첨하면서 사는 것보다 꼭 필요한 말로만 변론하는 것이 더 낫다
고 생각합니다. 내게 어려운 것은 죽음을 면하는 것이 아니라 비열함

을 면하는 것입니다. 우리는 잘 알고 있습니다. 비열과 아첨은 죽음보다 훨씬 빠릅니다. 나는 늙고 발이 느려 죽음에 발목이 잡혔습니다. 반면 멜레토스를 비롯해 나를 고소한 사람들은 저보다 영리하고 젊고 재빨라, 비열과 아첨조차 그들의 발목을 잡을 수 없어 살아났습니다.

이제 나는 여러분이 내린 사형 판결을 받아들이고 이 자리를 떠나려고 합니다. 반면 나를 고소한 저들은 진리에 대해서 부정과 흉악함이 있다는 죄를 판결받고 이 자리를 떠나야 합니다. 내가 여러분의 판결에 복종하듯이 그들도 여러분의 판결에 복종하기를 바랍니다.

"언니, 어쩐지 난 소크라테스의 말이 변론이라기보다는 경고의 말로 들려."

"그래, 네가 잘 보았어. 소크라테스의 마지막 변론은 사실 변론이라기보다는 유죄 판결을 내린 배심원과 멜레토스, 그를 고소한 사람들에 대한 경고라고 할 수 있지."

"어떤 점에서?"

"아무 죄 없는 현명한 사람을 법으로 죽이고, 반면 비열하고 아첨을 잘 떠는 사람에게 무죄를 선고하는 부패한 아테네 사회에 대한 경고야. 죄가 없는 사람을 죄인으로 고소한 자들은 표면적으로는 승소했을지 모르지만, 사실은 진리를 배반하고 부정과 흉악함에 동조한 범죄를 저지른 셈이지. 마지막으로 소크라테스는 자신이 죄를 인정하고 사형을 받아들이듯이 배심원이나 자신을 고발한 사람도 자기들의 죄를 인정하고 받아 주었으면 좋겠다는 뜻을 분명히 밝히고 있어."

소크라테스 다음으로 친애하는 재판관님께 부탁드립니다.

"언니, 이번엔 소크라테스가 '아테네 사람들'이라고 안 하고 '재판관'이라는 호칭을 사용하네? 재판관은 없었잖아?"

"그래, 가람아. 소크라테스는 배심원 중에 자신에게 무죄 판결을 내린 사람만이 진정한 재판관으로 자격이 있다고 생각했거든."

소크라테스 부디 내 아들들을 부탁합니다. 여러분이 제 자식에 대한 동정심으로 정당한 판결을 내리지 못할까 봐 법정에 오지 못하게 했습니다. 때문에 아들들에게 전할 말을 남깁니다. 만약 내 아들들이 나와 같은 길을 가지 않고 다른 길을 간다면, 여러분이 나를 대신해 혼내 주십시오. 그들이 사적인 욕심에 눈이 어두워 나쁜 일을 한다거나 지혜롭지 못한 일을 한다면 역시 그렇게 해 주십시오.

아주 어릴 때부터 나는 다이몬의 소리를 들었습니다. 평소에 어떤 말이나 행동을 하지 못하게 막는 경우가 많았지요. 하지만 재판이 이루어지는 동안에 다이몬은 한 번도 나에게 말을 건넨 적이 없었습니다. 오늘 내가 재판에서 한 말이 모두 옳았다는 증거이지요. 나는 이미 내가 사형 선고를 받을 것이라 예상하고 있었으며, 그래서 죽음이 크게 두렵지도 않습니다. 착한 사람에게는 죽었을 때나 살았을 때나 나쁜 일은 일어나지 않습니다. 그렇기 때문에 나에게 유죄 판결을 내린 아테네 사람들이나 나를 고소한 사람에게 나는 조금도 화나지 않습니다.

"누나, 소크라테스는 죽음 앞에서도 끝까지 자기가 하고 싶은 말만 하고 있어."

"승현아, 나는 그게 소크라테스의 매력이라고 생각해."

"그게 무슨 말이야, 누나?"

"어떠한 상황이나 그 누구에게도 자신이 옳다고 생각하면 하고 싶은 말을 하는 것 말이야. 그리고 비록 그것 때문에 자신에게 불이익이 오거나 손해가 따른다고 해도 전혀 개의치 않는 의연함 같은 것 말이지."

"오호, 우리 가람이가 이제 소크라테스 박사가 다 됐는데?"

"그럼, 내가 누구 동생인데!"

소크라테스 자, 이제 떠날 시간이 되었습니다. 나는 죽기 위해서, 여러분은 살기 위해 떠나야 합니다. 우리 중 어느 누구도 모릅니다. 죽으러 가는 나의 길이 더 좋은 쪽인지, 아니면 살기 위해서 떠나가는 여러분의 길이 더 좋은 쪽인지. 어느 쪽이 더 좋은가 하는 것은 오직 신만이 알 뿐입니다.

소크라테스의 마지막 말이 메아리가 되어 법정에 넓고 깊게 퍼져 나갔다. 울려 퍼지는 메아리와 함께 하루 일당을 챙긴 배심원은 기다렸다는 듯 자리를 떠났다. 소크라테스를 욕하고 비난하던 방청객도 하나 둘 자리를 비웠다. 남은 사람은 소크라테스의 친구와 제자들뿐이다. 그들은 믿기지 않는 현실을 거부하려는 듯 아무 말도 못하고 가만히 자리를 지키고 있다. 망연자실한 그들과 달리 소크라테스는 여전히 당당한 모습으로 피고석에 서 있었다.

"언니, 소크라테스는 죽음을 아주 의연하게 받아들이는 것 같아."

"그럴 수 있었던 게 소크라테스의 죽음관은 아주 특별했거든."

"죽음관이 특별했다고?"

"응, 소크라테스도 죽은 다음 세계에 대해서는 분명하게 설명하고 있지 않지만 둘 중 하나라고 생각했어."

"둘 중 하나? 그게 뭔데?"

"첫 번째 소크라테스의 죽음관은 아무것도 없는 것이었어."

"누나, 아무것도 없다는 게 무슨 뜻이야?"

"소크라테스는 죽음을 마치 잠과 같다고 생각했어. 승현아, 너는 아주 깊이 잠들었을 때 어떤 일이 일어났는지 알 수 있니?"

"깊이 잠들면 당연히 알 수 없지."

"소크라테스는 죽음을 바로 그러한 깊은 잠에 빠진 상태라고 생각했거든."

"소크라테스는 죽음 이후의 세계가 없다고 본 것 같네?"

"분명하게 그렇게 말할 수는 없지만 아마도 그렇다고 예상할 순 있을 듯해."

사람이 죽으면 어떤 세계가 기다리고 있을지는 아무도 모른다. 기독교인은 살아 있을 때 착한 일을 많이 하면 천당을 가고, 반대로 나쁜 일을 많이 하면 지옥에 간다고 한다. 하지만 소크라테스는 죽음을 꿈도 꾸지 않는 깊이 잠든 상태와 같다고 했다. 어떤 일이 일어났는지 우리는 아무것도 모른다. 소크라테스는 죽음 그 자체에 대해 아무것도 모르는 상태, 아무것도 없는 상태, 혹은 어디론가 사라지는 상태라고 생각했다. 어느 상태이든 소크라테스의 입장에서 본다면 죽음 다음에는 어떤 고통이나 괴로움, 즐거움도 없는 세계가 기다리고 있는 것은 분명하다. 그러니 소크라테스에게는 죽음이 두렵거나 나쁠 리 없다.

"누나, 그렇다면 소크라테스의 죽음에 대한 나머지 다른 생각은 뭐였어?"

"죽음은 한편으론 여행이라고 했어."

"여행? 어디론가 간다는 뜻이야? 어디로? 천당이나 지옥? 아니면 어디?"

"승현아, 소크라테스는 천당이나 지옥에 관한 얘기는 하지 않았어. 단지 어디론가 간다고 했고, 가는 동안 여행을 즐길 수 있어서 좋다고 했어. 만약 죽음이 어디론가 가는 것이라면 그곳에는 소크라테스보다 먼저 죽은 사람들도 와 있겠지?"

"그렇네. 죽은 사람이 가는 곳이니까 모두들 그곳에 있겠구나."

"응, 소크라테스는 살아서는 만날 수 없던 사람을 죽어서 만날 수 있어 더 좋다고 했어."

"언니, 소크라테스는 누구를 그렇게 만나고 싶어 했어?"

"호메로스와 헤시오토스를 만날 수 있어 좋다고 했어. 평소에 그들을 만나 보고 싶어 했던 것 같아."

"소크라테스와 같은 죽음관을 가지면 죽음을 두려워할 필요가 없겠다. 그렇지?"

소크라테스에게 죽음은 잠이나 여행과 같은 것이었다. 죽음이 공포나 두려움의 대상이 아닌 즐거움과 평화로움의 대상이었던 것이다. 이러한 그의 죽음관은 소크라테스가 당당하고 의연하게 자신의 죽음을 맞기 위한 장치였는지 모른다. 하지만 그가 그러한 죽음관을 가지고 있었다는 것을 아는 소크라테스의 친구나 제자들은 그의 사형을 조금은 마음 편히 지켜볼 수 있게 되었다. 사형 선고를 받고도 저리도 용감하고 당당하게 자리를 지키고 있는 소크라테스가 눈앞에 있지 않은가!

하지만 타임머신을 타고 시간 여행을 온 우리는 결코 마음 편하지만은 않았다. 그의 죽음이 서양 철학사에 얼마나 중요한 한 획을 긋는 사건이었는지 이미 알고 있기 때문일까. 만약 소크라테스가 사형을 받아들이지 않고 살아 있었다면 플라톤과 같은 그의 제자들은 어떠한 철학을 펼치게 되었을까? 혼자만의 상상에 빠져 있는 동안에 우리의 여행은 어느덧 끝을 향해 가고 있었다.

9

악법도 법이다

"소크라테스 재판을 관광하고 계신 고객께서는 조용히 자리에서 일어나셔서 안내원의 도움을 받아 법정에서 빠져나오시길 바랍니다. '소크라테스의 재판 현장' 여행 일정은 모두 종료되었습니다. 다음 장소로 이동하실 분은 데스크로 오셔서 다음 목적지를 선택하시고, 빨간색 버튼을 눌러 주시기 바랍니다."

법정의 숙연함에 취해 있던 우리를 놀라게 한 것은 타임머신의 안내 방송이었다. 안내원의 안내를 받아 우리는 법정에서 빠져나와 아테네의 아고라로 향했다. 우리가 다음으로 선택한 여행 코스는 재판 이후에 소크라테스가 옮겨진 감옥이었다.

> **아테네 여행 제5코스**
>
> **주제** 악법도 법이다
>
> **장소** 소크라테스 감옥

아테네에서는 사형이 선고되면 곧바로 집행되었다. 하지만 소크라테스는 바로 사형당하지 않고 감옥으로 보내졌다. 감옥을 건설한 테세우스가 괴물 미노타우로스를 죽일 때 아테네 사람들과 한 약속 때문이었다. 소크라테스가 바로 처형되지 않아 우리는 소크라테스가 살아 있던 마지막 장소를 여행할 수 있었다.

"누나, 소크라테스는 언제 사형돼?"

"아마 조금 시간이 걸릴 것 같아."

"왜, 언니?"

"너희는 그리스 신화를 잘 알고 있으니까 금방 이해할 거야."

"신화라고? 신화라면 자신 있지!"

"너희 미노타우로스라는 괴물에 대해 들어 봤지?"

"응. 코린토스의 미로, 라비린토스에 살았던 반인반수 괴물을 말하는 거지?"

"그래, 맞아. 그리고 그 괴물은 아테네의 영웅 테세우스가 물리쳤지."

그리스 신화에 따르면 아테네는 크레타 섬의 미노스와 전쟁을 했다. 이 전쟁에서 패한 아테네 사람들은 매년 미노타우로스의 먹이로 7명의 처녀와 7명의 사내아이를 재물로 바쳐야 했다. 이 사실을 안 테세우스는 괴물 미노타우로스를 죽이기 위해 희생될 아이들을 데리고 길을 떠났다.

이때 아테네 사람들은 만약 테세우스가 괴물을 무찌르고 살아서 돌아온다면, 아테네가 존속하는 한 두 가지 약속을 꼭 지킬 것을 당부했다. 하나는 매년 아테네에서 제사를 지낼 수 있는 사절단을 선발하여 델로스 섬에 있는 아폴론 신전에 보내 감사의 제사를 지내라는 것이었다. 또 하나는 사절단이 아테네를 떠나 델로스 섬에 도착한 다음 무사히 제사를 마치고 아테네로 돌아올 때까지, 아테네에서는 아무리 큰 죄를 지은 사람이도 사형을 집행하지 않고 기다려주어야 한다는 것이었다.

"소크라테스가 사형 선고를 받은 기간이 바로 사절단이 떠나고 돌아오지 않은 이 시기였구나. 그렇지 언니?"

"맞아. 소크라테스 재판이 끝났지만 델로스로 간 사절단은 아직 돌아오지 않았거든. 그래서 소크라테스의 사형이 바로 집행되지 않고 감옥으로 옮겨진 거야."

"그럼, 누나, 소크라테스는 테세우스에게 감사해야겠다. 테세우스가 그 괴물을 죽이지 못했으면 아테네 사람들은 두 가지 약속을 지키지 않아도 되는 거잖아."

"승현이 말이 맞네."

우리는 소크라테스 감옥으로 향하는 전동차에 올랐다. 아테네에는 아크로폴리스를 중심으로 몇 개의 작은 언덕이 있었다. 그중 필로 파포스라는 언덕에 소크라테스가 갇힌 감옥이 있었다. 그곳에 서니 아크로폴리스와 아고라가 훤히 내려다 보였다.

"여러분의 목적지인 소크라테스 감옥에 도착하였습니다. 헤드폰을 끼시고 안내원을 따라 전동차에서 내려 주시기 바랍니다. 감옥에는 많은 사람이 있습니다. 지난번 여행과 마찬가지로 파란색 버튼을 주의해 주실 것을 부탁드립니다."

우리가 도착한 곳은 감옥이라기보다는 돌로 만들어진 굴과 같았다. 입구에는 문이 세 개 있었지만, 들어가서 보니 감옥 안은 그냥 하나의 공간이었다.

"아무리 감옥이라고 해도 그렇지. 너무 허름하고 초라하다."

"정말 그렇네. 근데 감옥에 간수도 보이지 않아."

"얘들아, 저기 좀 봐. 저 사람이 바로 크리톤이라는 소크라테스의 친구야."

"크리톤?"

소크라테스를 좋아한 친구는 많았다. 크리톤은 그들 중에서도 카이레폰과 더불어 소크라테스를 가장 사랑한 친구였다. 뿐만 아니라 소크라테스도 크리톤을 무척 사랑했다. 두 사람의 우정은 단순한 친구 사이를 넘어 무엇과도 바꿀 수 없을 정도로 강했고, 그 누구보다 친밀한 관계였다. 크리톤은 소크라테스와 달리 아주 부유한 사람이었다. 소크라테스가 감옥에 갇히자 곧바로 감옥 안의 간수들에게 여러 가지 호의를 베풀어 소크라테스가 감옥살이를 하는 데 불편함이 없도록 해 주었다. 그 덕분에 소크라테스는 간수의 눈치를 보지 않고 편안히 감옥에서 생활할 수 있었다.

"소크라테스가 사형을 판결받자 친구들과 제자들은 소크라테스를 살리기 위해 노력했어. 그들은 소크라테스를 아테네가 아닌 다른 도시 국가로 보내려고 준비하기도 했어. 소크라테스와 가장 친한 친구이자 웅변가였던 크리톤은 소크라테스를 도망치게 하려고 간수에게 돈을 주어 눈감도록 하고, 다른 나라로 도망가게 하기 위한 배까지 사들였지."

"누나, 그렇게 친한 친구 크리톤이 그 정도로 소크라테스를 위해 노력했는데도 소크라테스는 왜 도망가지 않았어?"

"승현이 말에 나도 동의해. 언니, 크리톤과 소크라테스의 우정이 그 정도라면 왜 크리톤은 소크라테스가 죽도록 내버려 두었느냐는 거야. 어떻게 해서든 소크라테스를 다른 도시 국가로 도망치게 했어야 하는 것 아니야?"

가람이 말을 들어 보니 누구나 이러한 의문을 가질 법하다. 크리톤은 소크라테스가 죽도록 내버려 두었다고 할 수 있다. 나 역시 이 점은 이해가 되지 않았다. 그러나 소크라테스가 생각하는 우정은 우리가 생각하는 것과는 달랐다.

소크라테스 크리톤, 자네도 내가 자네 뜻에 따라 이곳을 탈출해야 한다고 생각하나?

크리톤 당연하지. 그게 진정한 우정 아니겠어?

소크라테스 우리 이렇게 한번 생각해 보세.

크리톤 어떻게 말인가?

소크라테스 친구가 하고 싶은 것을 편안하게 할 수 있도록 내버려 두는 것이 우정일까? 아니면 친구는 하기 싫어하지만, 내가 옳다고 판단한 것을 친구가 하도록 강요하는 것이 우정일까? 나는 내키지 않는 일을 강요하는 것은 우정이 아니라고 생각하네. 크리톤, 나는 어느 나라 법에 따라 사형 선고를 받았는가?

크리톤 당연히 아테네 법에 따라 사형 선고를 받았지.

소크라테스 자네는 아테네 법을 어떻게 생각하는가?

크리톤 악법이야 악법. 아주 나쁜 법이라고. 알겠어?

소크라테스 우리가 해야 할 일이 무엇인가? 잘못된 것을 바로잡는 일 아닌가?

크리톤 무슨 말인가?

소크라테스 만약 아테네 법이 악법이라면 우리가 바로잡아야 하는 거야. 그것이 우리가 할 일이지.

크리톤 악법을 왜 바로잡아. 악법은 지키지 않아도 되는 거야. 잘못된 법을 우리가 지킬 필요는 없어.

소크라테스 아닐세, 친구. 자네가 잘못 알고 있네. 나는 악법도 법이라고 생각하네. 아무리 나쁜 법이라도 법으로 존재하는 한 우리는 그것을 지켜야 하지 않겠나.

크리톤 나는 지금 자네를 다른 나라로 도피시킬 계획으로 왔네. 그런데 자네는 내게 갑자기 우정을 묻고 있어. 그러고는 '악법도 법이다'는 말을 꺼내고 있네. 나는 내가 하고자 하는 것과 자네가 하는 말이 어떤 관계가 있는지 도저히 모르겠다네. 자세히 좀 설명해 줄 수 있겠나?

소크라테스 나를 여기 아테네에서 탈출시켜 다른 도시 국가로 도피시키려는 것은 자네 생각인가 아니면 나의 생각인가?

크리톤 자네는 재판에서 다른 도시 국가로 추방되면 아테네에서 했던 것과 똑같은 일을 할 것이고, 그래서 오히려 사형을 원한다고 말했지. 물론 자네를 다른 나라로 도피시키려는 건 당연히 나만의 생각이네. 자네는 결코 그런 생각을 할 사람이 아니지.

소크라테스 이제 내가 무엇을 원하는지 이해되는가?

크리톤 그래, 알겠네. 자네 뜻을 거스르고 자네를 내 뜻대로 다른 도시 국가로 도피시켰다면, 그것은 단지 나를 위한 것이지 결코 자네를 위한 일이 아니라는 뜻이지?

소크라테스 이제라도 내 뜻을 이해해 주어서 고맙네.

크리톤 아닐세. 내가 생각이 짧았던 것 같아 부끄러울 뿐이네.

당시에 소크라테스가 사형을 선고받자 크리톤을 욕하는 사람이 많았다고 한다. 당시 고대 그리스에서는 죄를 지은 사람이 다른 도시 국가로 도망가서 사는 경우가 많았다. 돈 많은 사람이 간수를 매수하여 죄인을 탈출시키면 되었기 때문이다. 그러기 위해서는 물론 돈이 많이 필요했다. 그래서 소크라테스의 친구 크리톤도 소크라테스를 위해 그런 준비를 했다. 하지만 그것을 실천으로 옮기지는 못했다. 당시 소크라테스를 좋아하는 아테네 사람들은 돈이 아까워 그를 피신시키지 않았다며 크리톤을 욕했다고 한다. 하지만 크리톤은 끝까지 친구 소크라테스의 의견을 존중해 주었다.

"언니, 그런데 그게 '악법도 법이다.'라는 말과는 무슨 관계가 있는 거야?"

"가람 누나, 만약 소크라테스가 다른 나라로 도망갔다면 철저하게 아테네 법을 무시한 경우가 되잖아."

"그렇지. 그런데?"

"그 다음은 유민 누나가 설명해 주겠지. 난 여기까지야."

"너희 '악법도 법이다'가 무슨 뜻인지는 알지?"

"그럼. 소크라테스가 말했듯이 아무리 나쁜 법이라도 법이 존재하는 동안은 꼭 지켜야 한다, 뭐 그런 거잖아. 그렇지 않아, 누나?"

"아, 이제 알았다. 소크라테스는 평소에 늘 법을 지켜야 한다는 것을 강조한 사람이잖아. 그렇지, 언니?"

소크라테스는 항상 친구와 제자에게 법을 지키라고 강조했다. 그런 그가 사형 선고를 받고 도망쳤다면 정작 죽음이 두려워 자신은 법을 지키지 않은 사람이라는 평가를 받았을 것이다. 크리톤도 그러한 정황을 잘 알고 있었다. 누구보다 소크라테스를 사랑한 크리톤은 소크라테스에게 법을 어기라고 강요할 수는 없었다.

소크라테스 자네가 미안할 것이 뭐가 있나.

크리톤 아니야. 나는 끝까지 내 입장과 체면만 생각했어. 만약 내가 자네를 다른 도시 국가로 도피시켰다면 나는 아테네 시민들로부터 욕을 먹지 않겠지만, 소크라테스 자네는 크게 욕을 먹게 될 거네. 그것까지는 생각하지 못했어. 정말 미안하네.

크리톤은 자신의 체면과 위신을 생각하여 소크라테스를 아테네 밖으로 탈출시키려 했다. 하지만 소크라테스는 그것의 부당함에 대해서 이야기하고 비록 악법도 법이지만 꼭 지켜야 한다고 크리톤을 설득했다. 크리톤 또한 소크라테스의 의견과 상관없이 단지 자신의 입장만 고집한 것을 후회했다. 두 사람은 다시 평온을 찾았고 소크라테스는 어렵게 다시 입을 열었다.

소크라테스 크리톤, 한 번 더 부탁하세. 자네도 알다시피 나에겐 아들이 셋 있네.

크리톤 그렇지. 첫 번째 부인 크산티페가 낳은 아들 한 명과 두 번째 부인 미르토가 둘을 낳았지. 그런데 무슨 부탁인가? 주저하지 말고 무엇이든 말하게.

소크라테스 재판을 받으면서도 부탁했지만, 재차 부탁하네.

크리톤 그들이 자네와 같은 길을 갈 수 있게 도와 달라는 얘기군.

소크라테스 그렇네. 내 아들들이 덕이나 지혜보다 돈이나 명예, 혹은 권력에 눈이 어두워 진실되지 못하거나 옳지 않은 행동을 하면 가차 없이 꾸짖어 주게나. 뿐만 아니라 아테네 시민들이 나쁜 길을 가려고 할 때 그들의 자식들이 가만히 보고만 있다면, 그들이 제 부모에게 따끔한 충고를 할 수 있도록 조언하라고 말해 주게. 내가 그러했던 것처럼 말이네.

크리톤 내가 꼭 그렇게 하겠네. 걱정 말게나.

소크라테스 고맙네. 이제 모든 것이 다 끝났네.

그렇다. 소크라테스는 자신의 아들들이나 가족이 재판정에 나타나 동정심이라도 자아내게 할까 봐 그들을 불러들이는 것조차 꺼렸다. 하지만 감옥에서는 조금 달랐다. 재판이 끝났기 때문에 오히려 홀가분한 마음으로 가족을 만날 수 있었다. 가족들을 먼저 만나 많은 얘기를 나눈 다음에, 차례로 친구와 제자를 만났다.

이때 크리톤을 비롯하여 많은 친구들과 제자들이 죽음을 앞둔 소크라테스를 생각하며 눈물을 흘리자, 소크라테스는 그들에게 즐거운 마음으로 죽으려 하는데 왜 우느냐며 야단을 쳤다. 친구와 제자들이 흥분을 가라앉히고 마음을 가다듬자 주위가 조용해졌다. 그러자 소크라테스는 크리톤에게 마음속 깊이 감추어 둔 가족에 대한 얘기를 털어놓을 수 있었다.

이 장면을 본 사람이라면 어느 누구라도 비통함을 느끼지 않을 수없을 것이다. 그것을 지켜보고 있는 소크라테스의 제자나 친구의 마음 이상으로, 그들을 지켜보는 우리의 마음도 무거웠다.

아는 것은 행동으로 옮겨라

"여기까지가 소크라테스 감옥 여행 일정이었습니다."

엄지손가락으로 파란색 버튼을 만지작만지작하면서 억제할 수 없는 유혹에 시달리고 있을 때, 타이머신에서 안내원의 목소리가 흘러나왔다.

"이제 다음 여행지로 자리를 옮기겠습니다. 이 감옥에서 나가셔서 안내 데스크로 가시면, 또 다른 행선지가 표시되어 있을 것입니다. 여러분이 원하는 장소를 택해 전동차에 오르시면 됩니다. 다시 한번 주의를 드립니다만, 파란색 버튼은 절대 누르지 마시길 바랍니다."

"언니, 내가 눌러 줄까?"

"누나, 뭘 눌러?"

"가람아, 승현아, 잠깐만!"

가람이가 마치 내 마음을 읽은 듯 귓속말로 속삭이고, 승현이는 의아한 듯이 다시 물어 확인했다. 하지만 이미 내 욕망은 참을 수 없을 만큼 솟구치고 있었다. 그리고 결국, 저질러 버렸다.

"이미 아까 전에 사람들을 다 보냈는데 당신들은 누구인가? 당신들의 그 옷차림은 뭔가?"

"쉿, 소크라테스 선생님, 조용히 하세요. 크게 말씀하시면 큰일 납니다!"

예상했던 대로 소크라테스는 목소리마저 여유가 넘치고 편안하며 침착하다. 소크라테스의 제자와 친구들이 모두 감옥에서 나가고, 타임머신 안내원이 잠시 딴청을 피우는 사이, 나는 조용히 혼자 파란색 버튼을 누른 것이다. 내 옆에 바싹 붙어 있던 가람이와 승현이도, 소크라테스 눈앞에 보이게 됐다. 위대한 철학자를 만난다는 흥분과 놀라움에 나는 내가 무슨 말을 했는지 정확히 기억나지 않는다. 하지만 소크라테스는 전혀 놀란 기색도 없었다.

"저는 유민이고요, 얘들은 제 동생 가람이와 승현이라고 해요. 소크라테스 선생님, 저희는 한국이라는 나라에서 왔습니다. 제가 아무리 설명해도 그곳이 어디인지는 이해하지 못하실 거예요. 중요한 것은 저희가 선생님께 어떠한 설명도 할 시간이 없다는 것과 저희가 선생님의 마지막 모습을 보기 위해 위험한 모험을 하고 있다는 사실입니다."

"한국? 그곳이 어딘지는 모르지만 상관없어. 하긴 어디서 온 것이 중요하지는 않지. 내 제자와 친구들도 여러 나라에서 왔으니까. 내가 유명하기는 한가 봐. 그렇지?"

"그럼요. 선생님은 정말 유명하고 훌륭하십니다. 그리고 앞으로는 더 유명해지실 거예요."

"앞으로? 이렇게 죽을 사람이 앞으로 유명해지면 얼마나 유명해지겠나. 그리고 그것은 중요한 것이 아니야. 하지만 그렇게 말해 주니 기분은 좋군 그래."

"저는 소크라테스 선생님께 묻고 싶은 것이 너무 많아요. 하지만 모든 얘기를 다 나눌 수 있는 시간이 없어 아쉽습니다."

"시간? 그렇지 시간이 많이 남지 않은 것은 나도 마찬가지야. 이제 곧 간수가 독약을 들고 올 거거든. 그러니 할 얘기가 있으면 어서 해 보게. 그래도 남은 시간은 즐겨야지. 모험을 한다고 했던가? 그렇지. 우린 모험을 즐겨야 해. 난 자네가 참 맘에 드네. 이제 질문을 해 보겠나?"

"선생님은 재판정에 들어올 때 이렇게 사형 선고가 내려질 줄 예상하지 못하셨나요?"

"추방형이라도 받아 다른 나라에 가서 사시지 않고, 왜 배심원들을 더 화나게 하셨나요?"

"왜 다른 나라에 가서 살 수 있는데도 이렇게 죽음을 선택하신 이유는 뭔가요?"

시키지도 않았는데 승현이와 가람이도 경쟁하듯이 질문을 쏟아 내고 있었다. 그런 동생들을 보며 내심 마음이 뿌듯했다.

"이미 내가 다 설명한 질문이니, 특별하게 하나하나 질문에 대답할 일은 없네. 세 사람의 질문에 대한 답을 한마디로 답하면 '지행합일(知行合一)'일세."

"지행합일이요?"

우리 셋은 누가 먼저랄 것도 없이 놀라며 동시에 말했다.

"그래, 지행합일. 아는 것을 행동으로 옮긴다는 말이지."

"그것과 이렇게 사형을 기다리시는 것과 어떤 관계가 있습니까?"

"자네, 승현 군이라고 했나? 연약하고 아름다운 여성을 두 명이나 모시고 여행을 하고 있다니 정말 용감하도다! 분명 장차 훌륭한 청년으로 성장할 것이라 내 장담하지. 씩씩한 소년이여, 잘 들어 보게나. 안다는 것은 행동으로 옮기는 것이자 지킨다는 말이야. 만약 아는 것을 행동으로 옮기지 않으면 그것은 모르는 것과 무엇이 다르겠는가."

"안다고 생각하면서 행동으로 옮기지 않으면 모르는 것보다 못하단 말씀이신가요?"

"그렇지. 신탁은 내가 가장 지혜로운 사람이라고 했네. 나는 그것을 알게 되었고, 그랬기에 나는 앎을 행동으로 옮겨야 했던 것이네. 그에 앞서 내가 해야 했던 일은 스스로가 정말 지혜로운 사람인지 확인하는 것이었네. 그래서 나는 지혜롭다는 사람을 만났고, 그들이 지혜로운지 확인했네. 그런 다음, 내가 가진 지혜를 여러 젊은이들에게 전해 주었네."

"소크라테스 선생님, 아는 것을 행동으로 옮기는 것은 알겠어요. 그런데 지키는 것은 무엇을 뜻하나요?"

"지킨다는 것은 사회적인 관습이나 규율, 윤리나 도덕 혹은 법과 같은 것을 말해. 우리가 이런 것에 대해서는 잘 알고 있어. 하지만 지키지 않는다면 어떻게 될까?"

"아마도 사회적인 혼란이 오겠죠."

"그냥 혼란만 오는 게 아니라 서로 간 큰 다툼이 벌어질 수 있겠지. 그래서 우리는 아는 것을 지키지 않으면 안 돼."

"그럼 '악법도 법이다.'라는 말씀도 같은 맥락에서 하신 거예요?"

"응, 맞아. 악법도 법이기 때문에 지켜야 한다는 논리 또한 지행합일의 실천 방법이라고 볼 수 있겠지. 우리는 알고 있는 모든 것은 지켜야 하고 또 행동으로 옮겨야 해. 그렇지 않으면 지혜나 지식은 아무런 소용이 없는 거야."

지행합일이 아는 것을 지키고 행동으로 옮긴다는 것을 모르는 사람은 없다. 그러나 그것을 실행할 수 있는 사람은 얼마나 될까? 우리만 해도 지금 여행 규칙을 어기고 파란색 버튼을 누르고 소크라테스 선생님과 이야기를 나누고 있지 않은가. 죄책감이 밀려올 찰나, 감옥을 지키던 간수가 문을 열고 들어왔다.

"소크라테스 선생님, 이제 독배를 드실 시간입니다."

"드디어 갈 때가 되었구나. 이렇게 죽기 전에 토론을 하고 대화를 나눌 수 있어서 정말 다행이고 고맙네. 허허. 조심해서 잘들 가게나."

소크라테스 선생님에게 마지막 인사를 건네기도 전에, 타임머신의 안내원이 나타나 삿대질을 했다. 우리가 한참 동안 나타나지 않자 안내원이 직접 파란색 버튼을 눌러 감옥에 나타난 것이다.

"아니, 여러분! 지금 여기서 뭐 하세요? 파란색 버튼 누르시면 안 된다고 몇 번이나 말씀드렸잖아요. 이게 지금 얼마나 위험한 행동인 줄 아세요?"

안내원이 날카로운 목소리와 표정으로 나무라자 순간 나는 당황하여 다급하게 파란색 버튼을 다시 한 번 눌러 버리고 말았다. 소크라테스 선생은 갑자기 우리가 뿅 하고 사라지자 어안이 벙벙한 듯 멍하게 허공만을 바라보았다. 다행히 타임머신으로 돌아온 것 외에는 아무런 일도 일어나지 않았다. 우리는 그간 무슨 일이 있었냐는 듯 시치미를 뚝 떼고 능청을 떨었지만, 등에는 식은땀이 줄줄 흘러내렸다.

"여러분, 이번 여행도 즐거우셨습니까? 안내 데스크에 도착하시면 다음 행선지를 고르실 수 있습니다. 남은 여행도 즐거운 시간 되시길 바랍니다. 다시 한 번 주의 말씀드립니다. 파란색 버튼은 절대 누르지 마세요."

안내원의 말이 끝나자 소크라테스 선생님이 하신 말씀이 귓가에 자꾸 맴돌았다. 안다는 것은 지키는 것이고 행동으로 옮기는 것이다. 우리가 타임머신의 규칙을 지키지 않고 선생님 앞에 나타난 것을 마치 꾸짖기라도 하듯 가슴에 콕 박혔지만, 또 한편으로는 인생의 모험을 즐기라고 했던 선생님의 말이 마음에 걸린다. 우리는 규칙을 지켜야 할 의무에 시달리면서도 규칙을 깸으로서 얻는 모험과 일탈을 동경한다. '악법도 법이다.'라는 주장이 여전히 찬반 논란에 휩싸이듯, 우리는 살면서 끊임없이 규칙을 지킬 것인가에 대해 스스로에게 질문한다. 규칙은 지켜야 하는 것이지만 그 규칙이 잘못된 규칙이라면? 우리는 어떠한 길을 택해야 할까? 머릿속이 복잡해졌지만 지금 당장은 답을 내고 싶지 않다.

"가람 누나, 우리 내일은 어디로 갈까?"

"글쎄, 어디가 좋을까? 델포이는 어때? 그곳에 가서 우리도 신탁한번 받아 보면 어떨까? 누가 알아? 우리 중에 소크라테스만큼 현명한 사람이 있을지!"

"신탁, 좋지. 그런데 난 신탁을 받을 필요가 없을 것 같은데?"

"왜? 승현이 넌 미래가 궁금하지 않아?"

"궁금하긴 하지만 조금 전에 소크라테스 선생님이 그러셨잖아.

난 훌륭한 사람이 될 거라고. 그래서 이제는 안 궁금해."

"뭐라고? 고새 기고만장해졌구나?"

"좋아. 그럼 정말로 신탁을 받아 보면 되잖아! 가자, 델포이로!"

가람이와 승현이는 이미 다음 행선지를 정한 것 같다. 드디어 꿈에 그리던 델포이에 간다고 생각하니 벌써부터 가슴이 두근거린다. 소크라테스는 독배를 마시고 쓰러졌을 것이고, 그가 생각했던 죽음의 세계로 넘어갔을 것이다. 그가 생각했던 깊은 잠에 빠져든 것 같은 평화의 세계로 갔을지, 호메로스와 헤시오도스를 만나 열띠게 토론하는 새로운 여행의 길로 접어들었을지는 모르겠다. 어느 쪽이든 아테네의 현실보다 행복한 세계이길 간절히 바랐다. 그 순간, 창문 너머 에게 해를 붉게 물들인 아테네의 햇살이 유난히도 반짝거렸다. 소크라테스가 내게 보내는 마지막 인사 같았다.

부록

기원전 469년, 소크라테스는 조각가 아버지와 산파 어머니 사이에서 태어났다. 사실 소크라테스의 전반기 생애에 대해서는 알려진 것이 별로 없다. 하지만 아리스토파네스가 〈구름〉이라는 희극을 상연하면서 소크라테스는 유명 인사가 된다. 뿐만 아니라 소크라테스의 제자였던 플라톤의 모든 저서에 주인공으로 나오면서 소크라테스는 더욱 유명해졌다.

이후 철학자들은 소크라테스의 생애나 활동에 관심을 갖게 되었고 플라톤을 비롯한 당시 철학자들이 남긴 그의 사상을 정리하였다. 소크라테스는 로마 제국의 문학과 영웅전에도 등장하는데, 키케로와 플루타르코스는 그들의 작품 속에서 소크라테스에 대한 내용을 남겼다. 이렇게 소크라테스는 희극, 문학, 영웅전 등 다양한 작품 속에 주인공으로 등장하면서 그 유명세를 이어갔다.

소크라테스의 어린 시절은 불분명하지만 어릴 때 아버지의 작업장에서 돌을 다듬으며 조각가의 꿈을 키웠다고 전해진다. 친구 카이레폰이 신탁을 찾아 "소크라테스보다 지혜로운 사람이 있느냐?"는 질문을 한 것으로 보아 이미 소크라테스는 남들 못지않은 지혜를 가지고 있었던 것으로 보인다. 하지만 소크라테스는 친구의 말을 믿어야 할지 말아야 할지 고민했다. 그래서 자신보다 지혜로운 사람이 있을 것이라는 확신을 가지고 현인을 찾아 나선다.

'너 자신을 알라'는 소크라테스의 유명한 말은 원래 델포이 신전에 새겨져 있던 문구로 아테네의 7현인 중 한 사람인 킬론이 남긴 것이다. 소크라테스는 이 말을 보고 평생 자신의 좌우명으로 삼았다고 한다. '너 자신을 알라'는 말의 뜻을 소크라테스는 '나는 내가 무지한 사람임을 알고 있다'로 이해했다. 그리고 이런 생각으로 당시 아테네의 지혜로운 사람을 찾아 그들이 정말 지혜로운 사람인지를 확인하고자 했다. 그들은 스스로 무지하다는 사실을 인정하지 않았다. 반면 소크라테스는 스스로 무지하다는 것을 인정했다. 바로 무지함을 인정한다는 점에서 소크라테스는 그들보다 지혜로운 사람이라고 생각했던 것이다.

소크라테스가 지혜로운 사람이라는 소문과 함께 아테네의 많은 젊은 이들이 그의 주변에 모여들었다. 소크라테스는 그들과 대화를 하면서 그들이 품고 있는 지혜를 스스로 끄집어낼 수 있는 기회를 주었다. 소크라테스와 대화를 나눌수록 그들은 자신도 모르는 사이에 지혜로운 사람으로 바뀌어 갔다. 그러면서 소크라테스에게 지혜를 배우려는 사람들은 점점 늘어났다. 그중 플라톤도 예외는 아니었다.

고대 그리스는 당시 그리스 신화를 믿고 있었고, 그리스의 중심 도시였던 아테네 역시 그리스 신을 믿는 것을 국교로 정했다. 하지만 고대 그리스에서는 철학과 과학의 발달로 우주에 대한 많은 지식을 가지고 있었다. 이 우주에 대한 지식과 신화는 일치하지 않는 면도 많았다. 그러나 아테네는 여전히 신화 속의 그리스 신을 믿을 것을 강요하고 있었다.

소크라테스는 자신을 지켜주는 신이 있다고 믿었다. 바로 다이몬이다. 스스로 양심의 소리라 부르며 소크라테스는 다이몬에 대한 강한 신념을 갖고 있었다. 소크라테스가 다이몬에 강한 신념을 가진 이유는 다이몬이 행동을 억제하거나 막아 주기 때문이라고 주장한다. 즉 다이몬은 소크라테스에게 이성적인 판단을 하거나 양심의 소리에 따르도록 명령했다는 것이다. 바로 이런 이유 때문에 소크라테스는 다른 어느 신보다 다이몬에 푹 빠져 있었다.

소크라테스가 태어나기 오래 전부터 페르시아는 고대 그리스를 공격하여 식민지를 삼으려 했다. 이것이 페르시아 전쟁이다. 하지만 그리스는 아테네를 중심으로 페르시아 전쟁에서 승리하게 된다. 이후 아테네는 고대 그리스의 중심 도시로 성장하고 발전한다. 아테네의 발전을 참지 못한 도시 국가가 스파르타였다. 결국 스파르타는 기원전 431년 펠로폰네소스 전쟁을 일으켜 아테네를 공격한다. 아테네를 공격한다.

펠로폰네소스 전쟁으로 그리스 전체가 어수선해지고 많은 도시 국가들이 아테네와 연합을 거부하고 독립을 계획하자, 아테네에겐 스파르타와의 전쟁보다 나머지 도시 국가들과의 전쟁이 급선무가 되었다. 이런 이유로 소크라테스는 세 번에 걸쳐 전투에 참여하게 된다. 첫 번째 전투에서 소크라테스는 페리클레스 이후 아테네를 이끈 알키비아데스를 알게 된다. 중장병으로 참여한 소크라테스는 귀족 출신이자 기마병으로 참여한 장교 알키비아데스가 부상으로 죽음 직전에 놓이자 그를 구해 주었다. 이후 알키비아데스와 함께 전투에 참여하면서 두 사람의 우정은 깊어졌고, 알키비아데스는 소크라테스를 스승으로 모시며 그를 존경하였다.

설상가상으로 아테네에 페스트가 유행하여 사회는 혼란에 빠진다. 기원전 429년 아테네의 최고 지도자 페리클레스의 죽음과 후계자 문제는 아테네를 더욱 혼란스럽게 만들었고, 결국 스파르타가 전쟁에서 승리한다. 그러면서 아테네에는 스파르타의 정치 제도였던 30인 참주 정치가 시작된다. 아테네의 공포와 혼란이 더욱 심해졌다.

기원전 399년에 아테네는 스파르타의 정치 제도를 몰아내고 다시 민주정 체제를 회복했다. 그러나 소크라테스는 젊은이를 타락시켰다는 죄와 아테네가 믿는 신을 믿지 않는다는 두 가지 이유로 고소당한다. 그리고 아테네의 민주주의 제도에 따라 재판을 받았고, 사형이 확정되어 죽음을 맞고 만다.

소크라테스는 재판 도중 두 번에 걸친 변론을 통해 자신은 결코 젊은이를 타락시킨 적이 없으며 무신론자가 아니라고 주장했다. 그러나 배심원은 소크라테스의 변론을 인정하지 않고, 고소인의 주장을 받아들여 유죄 판결하고 사형을 확정했다. 형이 집행되기 전, 소크라테스의 친구와 제자들은 그를 다른 도시 국가로 피신시키기 위해서 노력하였다. 당시 아테네에서는 사법권이 허술하여 다른 나라로 도망갈 경우 아테네 법을 적용할 수 없었기 때문이다. 하지만 소크라테스는 악법도 법이라며 자신에게 주어진 형을 인정하고 아테네를 떠날 생각을 하지 않는다.

소크라테스는 도덕이나 윤리를 강조한 철학자이다. 도덕이나 윤리에서 중요한 것은 지키고 행하는 것이다. 소크라테스는 법이 아무리 나빠도 지켜야 한다는 생각을 가지고 있었다. 악법도 법이라고 말한 이유는 법이 있다면 그 법을 지키고 따라야 국가가 혼란에 빠지지 않는다고 생각했기 때문이다. 그리하여 소크라테스는 자신의 재판이 잘못되었다 할지라도 그 법에 따라야 한다는 자신의 생각을 몸소 실천했다.

소크라테스는 70세의 나이로 세상을 떠나고 말았다. 하지만 그가 남긴 많은 철학적인 사실은 오늘날까지도 남아 전해지고 있다. 특히 소크라테스가 모든 사람이 실천해 주길 원했던 '너 자신을 알라', '악법도 법이다'와 같은 말은 오늘날까지도 중요한 사상으로 남아 있다.

소크라테스는 죽을 때 두 명의 부인과 세 명의 아들을 가족으로 남겼다. 특히 '잔소리 많은 여자' 혹은 '악처'로 번역되는 크산티페(Xanthippe)는 소크라테스의 첫 번째 부인으로 많은 일화를 남겼다. 결혼을 할 것인가 말 것인가를 놓고 고민하던 제자가 소크라테스를 찾아와 물었다. 소크라테스는 크산티페를 염두에 두고 묻는 질문임을 알고 "결혼은 꼭 하는 것이 좋다. 온순한 부인을 만나면 행복하게 살 것이고, 악한 부인을 만나면 철학자가 될 것이다."라고 충고해 주었다. 또 한 번은 친구가 크산티페의 잔소리를 어떻게 견디느냐고 묻자, "물레방아 소리도 귀에 익으면 정겹게 들리는데 부인의 잔소리쯤이야 못 견디겠는가."라며 능청을 떨었다고 전해진다.

이렇게 크산티페에 대한 이야기는 긍정적인 것보다 부정적인 게 많다. 소크라테스는 외모에 비해 온순하고 부드러운 성품의 소유자였다고 한다. 친구나 제자를 만나면 며칠씩 밤을 지새우며 이야기를 했다고 전해진다. 자연히 가정과 거리가 멀어질 수밖에 없었다. 참다 못한 부인 크산티페는 그런 소크라테스에게 잔소리를 하고 바가지를 긁었을 것이다. 지인이나 친구의 도움으로 살았던 소크라테스는 가난하고 가정에 충실하지 못한 사람이었다.

추운 겨울에도 맨발로 얼음 위를 걸어 다니던 사람. 음식을 탐하지 않고 많이 먹지 않은 사람. 평소에는 술을 마시지 않지만 한번 마시면 아무리 마셔도 절대로 취하지 않았던 사람. 남과 대화할 때 눈높이를 맞추고 절제를 알았던 사람. 소크라테스를 나타내는 수식어는 많다. 그에 대한 후세 사람들의 관심과 사랑이 깊었음을 보여 주는 말들이다.

아버지가 죽자 플라톤의 어머니는 아테네의 지도자 페리클레스의 친구
와 결혼할 정도로 플라톤의 집안은 아테네의 명문이었다. 당시 아테네 귀족
들은 대부분 정치에 뜻을 두거나 문학의 길을 걸었다. 기원전 427년에 태어
나 기원전 347년에 죽은 플라톤 또한 청소년기에 다른 귀족들과 마찬가지
로 문학에 깊이 빠져 있었다. 그러나 소크라테스를 만나면서 그의 삶은 완전
히 바뀌었다.

소크라테스를 만나 철학을 공부하기 시작한 플라톤은 대화체로 된 많
은 책을 남겼다. 플라톤의 대화록에 나오는 주인공은 모두 소크라테스다. 그
중에서도 《소크라테스의 변론》은 플라톤이 방청객으로 소크라테스가 재판
을 직접 지켜보고 남긴 저서로 역사적 사실이 뚜렷이 담겨 있는 플라톤의
대표적인 작품 중 하나이다.

이 작품을 이해하기 위해서 당시 재판 과정에 대한 설명이 필요하다. 아
테네의 재판은 하루에 모두 끝났다. 소크라테스의 재판도 마찬가지로 하루
만에 끝났다. 재판관으로 참석한 배심원은 두 번에 걸쳐 재판을 한다. 첫 번
째 재판은 원고가 피고에 대한 죄를 설명하고 피고의 변론을 듣고 난 다음,
배심원이 피고의 유죄 여부를 결정하는 투표를 했다. 유죄로 판결이 나면
원고는 피고의 형량을 스스로 정한다.

두 번째 재판은 첫 번째 투표에 의해서 정해진 형량에 피고가 다시 선처를 구하거나 첫 번째 형량보다 가벼운 형량을 요구하게 되면 배심원은 다시 투표를 통해 결정짓는다. 이것이 두 번째 재판이다. 플라톤은《소크라테스의 변론》에서 소크라테스가 받은 두 번의 재판에 대해 상세하게 설명하고 있다.

소크라테스를 재판하기 위해서 500명의 배심원이 구성되었다. 멜레토스가 소크라테스의 죄를 고발하고, 소크라테스가 변론한다. 그다음에 첫 번째 재판이 이루어졌다. 소크라테스를 고소한 멜레토스의 주장에 따라 500명 중 280명의 배심원이 찬성표를 던졌다. 소크라테스는 형량에 반대하며 스스로를 변론하였다. 자신은 죄가 없지만 자신도 모르게 죄를 지은 것이 있다면 죗값을 받겠다고 주장한다. 하지만 가난하고 돈이 없기 때문에 은화 한 닢의 벌금형으로 해 줄 것을 배심원들에게 부탁한다. 그 말을 들은 친구들은 은화 30닢으로 벌금을 대신 내겠다며 나섰다. 그래서 소크라테스는 은화 30닢의 벌금형을 내려달라고 배심원에게 부탁한다.

피고 소크라테스가 스스로 내린 형량을 놓고 두 번째 재판을 한 결과 500명 중 360명이 소크라테스의 형량에 반대했고, 결국 멜레토스가 요구한 사형이 결정된다. 소크라테스는 마지막 변론을 하고 감옥으로 옮겨졌고, 얼마 후 사형이 집행되었다.

소크라테스를 고발한 사람은 모두 세 사람이었다. 수공업자 출신으로 많은 돈을 번 아니토스는 민주주의를 신봉한 정치가였다. 펠로폰네소스 전쟁 때 장군으로 전투에 참여했지만 공을 세우지 못했고, 오히려 전쟁에서 화를 입게 되자 뇌물로 죄를 면할 정도로 약삭빠른 사람이었다. 소크라테스의 친구도 아니며 제자는 더더욱 아니었던 아니토스가 소크라테스와 소피스트를 적대시하고 싫어했던 이유는 그의 아들 때문이었다. 아니토스에게는 재능이 뛰어난 아들이 있었다. 아니토스는 그 아들에게 공부를 시키지 않고 가죽 장사를 시키려고 했는데 소크라테스가 이에 화가 나 아니토스를 비판하였다. 이 사건으로 아니토스는 소크라테스를 싫어하게 되었고, 결국 개인적인 원한이 아닌 아테네를 위하는 길이라며 소크라테스를 고소하였다. 하지만 아니토스는 멜레토스를 앞세우고 자신은 뒤로 빠졌다.

두 번째 고발자 리콘은 소아시아 이오니아 출신으로 아테네에서 웅변을 하며 생계를 이어 갔다. 하지만 너무 가난한 나머지 희극 작가들의 웃음거리가 되었다. 아니토스는 자신의 부를 이용하여 소크라테스를 고발하기 위한 준비를 웅변가인 리콘에게 시켰다.

그리고 마지막으로 멜레토스다. 멜레토스는 명분상 소크라테스를 고발한 사람으로 되어 있다. 그리고 법정에서도 원고 역할을 했다. 실질적으로 배심원들에게 소크라테스의 사형을 결정해 줄 것을 부탁하기도 했다. 훗날 아니토스의 앞잡이였다는 평을 벗지 못하고 죽었다. 멜레토스의 죽음의 원인은 분명하지 않지만, 소크라테스가 죽고 난 다음 아테네 사람들에게 죽임을 당했다는 소문이 돌았다.

재판이 시작되자 멜레토스가 먼저 소크라테스를 고소한 두 가지 내용에. 대해서 말한다. 첫째, 소크라테스는 아테네 젊은이들을 타락시켰다. 둘째, 소크라테스는 아테네가 정한 신을 믿지 않는다. 소크라테스는 이 두 가지 고소 내용을 놓고 변론을 시작한다. 멜레토스는 첫 번째 문제를 교육자의 문제로 접근한다. 멜레토스는 소크라테스를 제외한 모든 아테네 사람은 아테네 젊은이를 가르칠 수 있는 능력이 있다고 주장한다. 교육에 대해 아무런 능력이 없는 소크라테스가 아테네 젊은이들을 가르쳤기 때문에 많은 젊은이가 타락했다며 소크라테스를 궁지로 몬다.

소크라테스는 멜레토스의 주장에 반론을 편다. 어떤 사람이 교육을 시키는 것이 좋은가? 소크라테스는 교육자의 자질을 문제 삼는다. 교육자의 자질을 가진 사람이 더 좋은 교육을 할 수 있다는 것이 소크라테스의 생각이다. 소크라테스는 교육자를 말을 길들이는 사람에 비유해서 설명한다. 야생말을 모든 사람이 다 길들일 수 있는 것은 아니다. 말을 길들일 수 있는 능력을 가진 특정한 사람만이 말을 길들일 수 있다. 마찬가지로 교육에 대해서 잘 알고 가르치는 능력을 가진 사람만 교육자가 될 수 있다는 논리다.

이런 소크라테스의 주장에도 멜레토스는 소크라테스가 교육자로서의 자질이 없고, 아테네 젊은이들을 타락시킨 주범이라며 유죄 판결을 내려줄 것을 배심원들에게 요청한다.

두 번째 무신론에 관한 이야기는 조금 더 복잡하다. 멜레토스는 소크라테스를 무신론자로 고소했다. 당시 아테네 사람들은 제우스를 비롯한 12신을 국가의 신으로 믿었다. 소크라테스가 12신을 믿었는지 믿지 않았는지 모르지만 멜레토스는 그를 무신론자로 고발한 것이다. 이 고발에 대해서 소크라테스는 자신은 무신론자가 아니라며 변론한다.

당시 아테네 사람들은 소크라테스가 아테네가 정한 신을 믿지 않고 다이몬이라는 신을 믿었다고 여겼다. 실제로 소크라테스는 다이몬을 '양심의 소리'로 여기며 믿었다. 소크라테스는 항상 다이몬의 소리에 귀를 기울였고, 다이몬의 소리에 따라 행동했다고 한다. 바로 이 점을 소크라테스는 분명히 하기 위해서 먼저 멜레토스에게 무신론자에 대한 구체적인 의미와 한계에 대해 묻는다. 한계에 대해 묻는다.

멜레토스는 소크라테스를 무신론자로 고발할 때, 아테네가 인정한 신 뿐 아니라 어떠한 신도 믿지 않기 때문에 그를 고발했다고 분명히 말한다. 하지만 소크라테스가 다이몬을 믿는다는 것은 아테네 사람들이 다 알고 있는 사실이었다. 그렇기 때문에 다이몬이 신이라는 것을 증명하기만 하면 소크라테스는 무신론자가 아니게 되었다. 그래서 소크라테스는 다이몬이 신임을 증명하기 위해 노력한다.

그리스 신화에 따르면 부모가 모두 신인 경우에만 그 자식들도 신으로 인정받아 인간과 다르게 죽지도 않고, 사라지지도 않을 뿐 아니라 전지전능한 능력을 인정받는다. 하지만 부모 중 한쪽이라도 인간이면 신으로 인정받지 못할 뿐 아니라 신이 갖는 모든 능력도 가질 수 없다.

소크라테스는 바로 이 점을 들어 다이몬이 신임을 주장한다. 다이몬의 부모가 누구인지는 모르지만 다이몬이 신으로 불리는 것은 다이몬의 부모가 모두 신이기 때문이라는 것이 소크라테스의 주장이다. 그래서 다이몬도 역시 신이라는 것이다. 그리고 자신은 다이몬을 믿기 때문에 멜레토스가 주장하는 것처럼 무신론자가 아니라는 것이 소크라테스의 변론이다.

《소크라테스의 변론》의 중심 내용은 첫 번째 재판까지다. 소크라테스는 멜레토스가 주장한 내용을 하나하나 반박하지만 재판에서는 아무런 도움이 되지 않았다. 그래서 소크라테스는 자신이 법정에 선 이유를 죄가 있어서가 아니라 중상과 모략 때문이라고 말한다. 소크라테스는 "소크라테스보다 지혜로운 사람이 없다"는 신탁을 들은 이후 아테네의 지혜로운 사람을 찾아다니며 그들과 대화했다. 그리고 소크라테스는 그들은 지혜로운 사람이 아니라는 결론을 내렸다. 자신은 모르는 것을 모른다고 말하지만 그들은 자신이 모르는 것조차도 모른다는 이유 때문이었다. 여기서 그 유명한 "너 자신을 알라"는 유명한 말이 나온다.

아테네에서 지혜롭다는 명예를 갖고 있는 사람들이 소크라테스로부터 이런 모욕을 받았으니 그를 가만두지 않았을 것이고, 결국 그들이 소크라테스를 중상하고 모략한 것이라고 소크라테스는 생각했다.

첫 번째 재판이 끝나고 소크라테스는 자신이 받을 수 있는 형에 대해 가정한다. 첫 번째는 벌금형이다. 하지만 소크라테스는 너무 가난하여 벌금을 낼 돈이 없었다. 두 번째로 가정할 수 있는 것은 아테네 밖으로의 추방이었다. 하지만 소크라테스는 추방을 당한 후에도 같은 일을 계속할 것이라고 생각했다. 아테네 사람들이 같은 아테네 사람인 소크라테스가 지금까지 한 일을 참지 못하고 고소했는데, 다른 나라 사람들은 자신을 이해해 주겠느냐는 것이 소크라테스의 생각이었다. 결국 그곳에서도 아테네에서와 마찬가지로 고소당하거나 추방당할 것이라고 생각했다.

고심 끝에 소크라테스는 벌금형을 받게 해달라고 배심원들에게 말한다. 하지만 배심원들은 이 역시 받아들이지 않았고, 2차 투표 결과 사형이 확정되었다. 그러자 소크라테스는 자신이 가르친 젊은이들이 지닌 비판 의식이 아테네를 지배하게 될 것이라 예언한다. 당장은 젊은이들을 억제하고 있기 때문에 비판 의식이 감추어져 있을 뿐, 젊은이들의 비판 의식은 소크라테스보다 더욱 매섭고 날카롭다고 여겼다. 실질적으로 이후 플라톤을 비롯한 많은 사상가가 배출되면서 아테네는 정치, 경제, 문화, 교육 등에서 새롭게 바뀌었고, 소크라테스의 예언은 현실이 되었다.

플라톤의 《소크라테스의 변론》 속에서 소크라테스는 아테네를 위해 꼭 필요한 사람이라는 내용이 계속 강조되고 있다. 소크라테스는 법정에서 스스로를 변론하지만 자신을 위한 변론이 아니라는 것을 강조한다. 즉 자신이 살아야 할 이유는 아테네를 위한 것이지 결코 자신을 위한 것이 아니라는 것이 소크라테스의 생각이다. 결과적으로 아테네가 소크라테스를 죽이는 것은 소크라테스라는 한 개인을 해치는 것이 아니라 아테네 시민 전체를 해치는 것과 같다고 주장한다.

여기서 유명한 '등에의 비유'라는 소크라테스의 주장이 나온다. 몸집은

크고 혈통은 좋지만 큰 몸집 때문에 둔한 말이나 소가 깨어 있으려면 하찮고 작은 벌레인 등에가 꼭 필요하다. 소크라테스는 말이나 소를 아테네에, 보잘 것 없고 하찮은 등에에 자신을 비유했다. 신은 자신을 등에처럼 아테네에 달라붙어서 아테네 시민을 깨우고, 하루 종일 따라 다니면서 설득하고 꾸짖게 한 것이라고 믿었다. 이러한 자신을 사형시키거나 국외로 추방하면 아테네로서는 큰 손해라는 것이다. 더 이상 소크라테스와 같은 사람은 찾을 수도 없으며 태어나기도 어렵기 때문이다.

그렇다면 우리는 어떻게 신이 아테네와 아테네 시민을 위해서 등에와 같은 소크라테스를 보냈다고 믿을 수 있을까? 소크라테스는 그 이유를 자신의 삶으로 설명하고 있다. 소크라테스는 평생 동안 자신을 돌보지 않고 가족도 돌보지 않았다. 그는 항상 아테네 젊은이들을 생각하고 아테네만 생각한 사람이다. 소크라테스는 아테네의 많은 사람을 찾아다니면서 사람이 살아가는 데 필요한 덕에 대해서 논의하였고, 그들을 설득하였다. 물론 아테네에서 소크라테스와 같이 이런 일을 한 사람은 많다. 하지만 보수나 이익을 생각하지 않고 이 일을 한 사람은 소크라테스 단 한 사람뿐이었다.

불행히도 아테네의 배심원들은 소크라테스와 같은 등에가 아테네나 아테네 시민들을 위해 필요 없다고 판단하였다. 소크라테스는 어떤 아쉬움이

나 불만도 없이 배심원의 판결을 받아들인다. 오히려 화를 낸 것은 그의 친구나 제자들이었다. 악법에 따른 재판을 인정할 수 없다며 소크라테스를 아테네 밖으로 도피시키려 계획을 세우고 추진했다. 하지만 소크라테스는 "악법도 법이다."라고 말하며 친구들을 만류했다. 소크라테스의 말을 들은 그의 친구들은 스스로를 부끄러워하며 그의 뜻에 따랐다.

동서양을 막론하고 말과 행동의 일치는 매우 중요하다. 소크라테스는 많은 것을 법으로 정하자고 했다. 관습이나 제도는 시간이 지나면서 법으로 정해진다. 법으로 정해지면 따라야 한다. 관습이나 제도를 어긴다고 처벌을 받지는 않는다. 하지만 법을 지키지 않으면 형벌이나 처벌이 뒤따른다. 그렇게 법을 강조한 소크라테스가 법에 따라 자신에게 내려진 처벌을 피한다면 그가 항상 주장한 말을 스스로 어기게 되는 꼴이다.

스스로 아테네와 아테네 시민을 위해 등에를 자처했던 소크라테스. 제도와 관습으로 국가 질서가 잡히지 않을 것 같아 법으로 정하자고 했던 소크라테스. 이런 소크라테스를 아테네 사회는 원하지 않았는지도 모른다. 그래서 그를 사형시켰을지도 모른다. 그의 말처럼 그 자신이 죽으면 더 이상 아테네와 아테네 시민을 위한 등에는 없다고 했다. 소크라테스의 이 말 또한 사실로 증명되었다는 것을 우리는 잘 알고 있다.

정확하지 않지만 기원전 450년에서 444년 사이에 태어난 아리스토파
네스는 40년 동안 희극과 비극을 중심으로 극작 활동을 했다고 전해진다.
그의 작품은 최소한 40여 편인 것으로 알려져 있지만, 현재까지 남아 있는
것은 11편이다. 나머지 작품은 문장이나 구 혹은 단어만이 다른 문학가의
작품 속에 남아 전해지고 있다.

아리스토파네스의 작품 주제는 다양하다. 특히 그는 정치적인 주제로
많은 작품을 남겼다. 그리스와 페르시아, 이 두 나라는 항상 에게 해의 주도
권을 잡기 위해 치열한 전쟁을 벌였다. 그러나 아테네를 중심으로 한 그리스
연합군에게 여러 차례 당한 페르시아는 더 이상 그리스를 넘보지 못했다.
그리스가 전쟁에서 벗어나 평온해지나 싶더니 그리스 간 전쟁이 뒤를 이었
다. 아테네 연합군과 스파르타 연합군 사이에 일어난 펠로폰네소스 전쟁이
그것이다.

두 나라는 치열한 전쟁을 하다 잠시 휴전에 들어갔다. 기다렸다는 듯이
기원전 411년에 아리스토파네스는 '군대를 해산시키는 여자'라는 의미를 가
진 정치적인 풍자극 〈뤼시스트라테〉를 무대에 올렸다. 하지만 이런 아리스
토파네스도 펠로폰네소스 전쟁이 한창이던 시절에는 정치적인 내용을 풍자
극으로 무대에 올리지는 않았다. 대신 소크라테스를 풍자한 작품 〈구름〉을

기원전 423년에 발표했다.

아리스토파네스의 〈구름〉은 발표한 해에 연극 경연대회에서 맨 꼴찌인 3등상을 받았다. 스스로 걸작이라고 생각한 이 작품이 형편없는 평가를 받자 아리스토파네스는 화가 머리끝까지 났다. 그는 바로 자신의 작품을 고치기 시작했고, 이렇게 고쳐진 작품이 오늘날까지 남아 전해지고 있다. 그래서 처음 쓰인 〈구름〉의 내용은 무엇인지 알 수 없다.

당대의 슈퍼 스타 소크라테스가 늘어놓는 궤변과 그의 교육을 풍자한 내용이니 당시 사람들에게는 흥미로운 작품일 수밖에 없었다. 특히 보수성이 강한 아리스토파네스는 개혁적이고 혁신적인 소크라테스와 그의 친구들의 행동에 불만이 많았던 것으로 보인다. 이런 그의 보수성이 소크라테스의 자유분방함을 풍자하는 동력이 되었다. 이 작품의 주제는 소크라테스를 직접적으로 풍자하기보다는 오히려 기존 교육을 받은 아버지와 새로운 교육을 받은 아들 사이에 일어나는 불화로 설명되기도 한다.

전체적인 내용을 살펴보면 이렇다. 시골 신사 스트레프시아데스에게는 아들 페이딥피데스가 있는데, 아들 페이딥피데스는 경마에 몰두하여 많은 돈을 낭비하였고, 그것도 모자라 많은 빚까지 지게 되었다. 빚을 갚으려니 너무 억울하고 아까웠는데 소크라테스와 카이레폰이 경영하는 학원에서 빚을 갚지 않아도 되는 법을 배울 수 있다는 얘기를 전해 듣는다.

그 말을 듣고 신이 난 스트레프시아데스는 소크라테스를 찾아가 빚을 갚지 않는 법을 배워 어떻게든 아들이 빚을 갚지 않게 하려고 한다. 그가 소크라테스의 학원에 도착했을 때, 소크라테스와 카이레폰 대신에 제자들이 그를 맞는다. 제자들은 소크라테스는 천문학과 기하학 등 모든 학문에 능통한 사람이기 때문에 무엇이든 가르칠 수 있다고 자랑한 다음 무엇을 배우러 왔느냐고 묻는다.

이때 소크라테스가 구름 위에서 바구니를 타고 아래로 내려온다. 이 모습을 본 아버지는 저 사람이 누구냐며 놀라 묻는다. 제자들이 아버지를 향해 우리의 위대한 스승 소크라테스라고 소개하자, 소크라테스는 스스로를 다음과 같이 소개한다.

"하루살이 같은 인간들이여, 나는 구름 속을 거닐고 내 생각은 태양을 보고 있다."

소크라테스의 등장과 그의 말에 놀란 아버지는 돈은 얼마든지 내겠다며 빚쟁이들에게 돈을 주지 않고 말로 빚을 갚을 수 있는 방법을 가르쳐 달라고 부탁한다. 소크라테스는 걱정하지 말라며 아버지에게 여러 가지 논리를 가르친다. 소크라테스가 가르치는 말도 안 되는 논리는 동음이의 혹은 이음동의를 중심으로 한 말장난이었다.

기존 교육에 익숙해져 있고 노쇠한 아버지 스트레프시아데스의 사고와 기억력으로는 이런 소크라테스의 논리를 따라가기에는 역부족이었다. 소크라테스가 아무리 노력해도 아버지는 소크라테스의 가르침과 말도 안 되는 논리를 배울 수 없었다. 결국 아버지는 자기 대신에 아들 페이딥피데스를 직접 교육시켜 줄 것을 부탁한다.

아들 페이딥피데스는 아버지와 달랐다. 배우는 속도도 빨랐지만 배워 사용하는 응용력도 달랐다. 젊은 사람답게 신식 교육을 빨리 받아들였다. 아버지도 아들의 빠른 습득 능력에 놀라 기뻐하였다. 하지만 소크라테스의 신식 교육을 잘 배운 것이 그들에게 화근이 되고 말았다. 아버지가 아들을 자랑스러워하며 배운 것을 한번 얘기해 보라고 하였다. 아들은 자신 있게 아버지도 잘못하면 아들에게 맞을 수 있으니 조심하라고 다짜고짜 말했다. 놀란 아버지가 무슨 말이냐며 아들에게 물었다. 아들이 말하는 소크라테스의 가르침은 이러했다.

대부분의 아들이나 딸과 같은 자식들은 어릴 때 부모로부터 맞고 자란다. 그 이유는 부모가 생각하기에 자식들이 무언가 잘못했다고 생각하기 때문이다. 여기서 전제가 되는 것은 부모가 어린 자식들보다는 더 이성적이기 때문에 부모가 자식보다 잘잘못을 더 잘 판단할 수 있다는 것이다. 그러나 나이가 들면 어떻게 될까? 연로한 부모와 장성한 자식들 중 누가 더 이성적이고, 누가 더 잘잘못을 분명하게 판단할 수 있을까? 그렇다. 바로 장성한 자식들이다. 그렇다면 장성한 자식들은 부모가 잘못했다는 이유로 부모를 때릴 수 있다는 결론이 나온다.

바로 이런 논리에 따라 페이딥피데스는 아버지가 잘못하면 자신에게 맞을 수 있으니 조심하라고 말한다. 이 말을 들은 스트레프시아데스는 놀라고 화가 나 좀처럼 흥분을 가라앉히지 못한다. 한술 더 뜬 아들은 아버지뿐 아니라 어머니도 때릴 수 있다며 자기가 배운 것을 너무나 당당하고 자신만만하게 얘기한다. 아들의 말을 들은 아버지는 모든 원인을 소크라테스에게서 찾는다. 소크라테스가 그렇게 가르쳤기 때문에 자기 아들이 잘못되었다고 믿었다. 아버지는 더 이상 화를 참지 못하고 소크라테스의 학원으로 달려간다. 그리고 소크라테스와 카이레폰이 경영하는 학원을 불지르고 만다.

소크라테스는 타오르는 학원 안에서 연기에 숨이 막혀 질식할 것 같다며 소리치고, 카이레폰은 숯덩이가 될 것 같다고 아우성치며 두 사람은 호들갑을 떤다. 아버지 스트레프시아데스는 지붕에 올라가 천천히 걸으며 "구름 속을 거닐며 태양을 관찰한다."라고 말한다. 이는 소크라테스가 그들과 처음 만났을 때 했던 말이다.

〈구름〉뿐 아니라 아리스토파네스의 대부분의 작품들은 풍자극이다. 아리스토파네스는 이 작품 속에서 소크라테스를 다른 소피스트와 같이 취급하고 있다. 궤변론자로 통하는 소피스트는 신을 믿지 않았고 말도 안 되는 논리로 많은 돈을 받고 과외를 하였으며 사람을 괴롭혔다. 소크라테스는 이런 소피스트를 비판하고 비난하였다.

우리가 소크라테스에 대한 아리스토파네스의 풍자 중에 중요하게 살펴보아야 할 부분은 바로 당시 아테네의 신교육에 관한 내용이다. 소크라테스는 아테네의 기존 교육에 반대하여 젊은이들에게 새로운 교육을 시도했다. 이를 바탕으로 젊은이들의 비판 정신을 키우려 했다. 소크라테스는 이런 방법이 아테네와 아테네 시민을 위한 일이라고 주장하지만, 보수적인 아테네 지성인들에게는 아테네의 기존 질서와 관습이 흔들리는 거대한 사건이었다.

그 결과 아리스토파네스뿐 아니라 당시 아테네의 많은 보수주의자는 이런 소크라테스의 교육을 마음에 들어 하지 않았다. 그래서 소크라테스의 모든 행동은 아리스토파네스뿐 아니라 다른 희극 작가들에 의해서도 풍자

될 수밖에 없었다. 그 결과는 소크라테스에게 고스란히 돌아왔다. 젊은이를 타락시킨 죄로 고소당한 것이다.

뛰어난 문장력으로 저명한 사람들을 조롱하고 풍자하기로 유명한 아리스토파네스. 생생한 감동으로 당대의 유명한 인물을 주제로 거침없는 풍자를 했던 아리스토파네스. 풍자와 희극을 통해 개혁적이고 진보적인 것으로부터 아테네를 지키려 했던 아리스토파네스. 이러한 그의 생각은 결국 아테네를 변화시키고 개혁하기 위해 등에를 자처했던 소크라테스를 사형장으로 이끈 원동력이 되었다. 아리스토파네스의 작품 〈구름〉은 그가 지키고자 했던 명성을 지켜 준 그의 유명 작품으로 남아 있다.

기원전

● 469	● 465	● 451
조각가 아버지 소프로니스코스와 산파 어머니 파이나르테스 사이에서 태어나다.	데모크리토스의 스승 레우키프가 원자론을 주장하다.	알키비아데스가 태어나다.

● 443-429	● 441-440	● 432
아테네가 아티카의 문화중심도시로 발전. 특히 철학자 아낙사고라스, 프로타고라스, 그리고 엘리스의 히피아스 등이 이 시기를 주도한다.	아낙사고라스의 제자인 아르케라오스가 소크라테스의 제자로 가르침을 받다.	아테네가 무신론자에 대한 법을 마련하다.

● 431-404	● 431-429	● 430
펠로폰네소스 전쟁이 일어나다.	소크라테스가 중장병으로 포티다이아 전투에 참가하다.	아테네에 페스트가 유행하면서 극도로 혼란해지다.

● 429

페리클레스 사망과 아들의 권력다툼으로 아테네가 위기에 처하다.

● 428

아테네의 왕 테세우스와 아마존의 여왕 히폴리테 사이에서 태어난 아들 히폴리토스에 대한 에우리피데스의 연극이 상연되다.

● 424

소크라테스가 보이오티아 전투에 참전하다.

● 423

아리스토파네스의 희극 〈구름〉이 상연되다.

● 422

소크라테스가 중장병으로 암피폴리스 전투에 참전하다.

● 416

희극 작가 아가톤의 초대를 받아 플라톤의 저서 《향연》의 주인공이 되다.

● 407

플라톤이 소크라테스의 제자가 되다.

● 404

스파르타가 펠로폰네소스 전쟁에서 승리하며 아테네에는 민주정이 사라지고 30인의 참주정으로 공포 정치가 시작되다. 알키비아데스가 사망하다.

● 399

아테네의 민주 정치가 회복되고, 소크라테스는 사형으로 세상을 떠나다.

1. 소크라테스의 좌우명이자 유명한 명언은 '너 자신을 알라'는 말입니다.

   소크라테스가 생각하는 '나 자신을 안다'는 것의 의미는 무엇인지 말해 보세요.

   2장 참고

2. 소크라테스의 부모님은 소크라테스의 대화법이 태어나게 하는 데 많은 영향을

   끼쳤습니다. 소크라테스 부모의 직업적인 특성이 그의 대화법에 녹아 있지요.

   그들의 직업은 무엇이었고, 이것들이 소크라테스의 대화법에 어떠한 영향을

   미쳤는지 설명해 보세요. 3장 참고

3. 그리스의 희곡 작가 아리스토파네스는 그의 작품 〈구름〉에서 소크라테스를

묘사합니다. 그는 소크라테스를 어떤 사람으로 작품 속에 녹여냈습니까? 4장 참고

4. 소크라테스는 '소크라테스보다 지혜로운 사람은 없다.'라는 신탁을 의심하고,

지혜롭다고 소문난 아테네 사람들을 만나러 다닙니다. 그는 차례대로 어떤

사람들을 만나 이야기 나누었나요? 5장 참고

5. 소크라테스는 두 가지 죄목으로 아니토스와 리콘, 멜레토스에게 고소당합니다.

그 두 가지 죄목은 무엇입니까? 6장 참고

6. 소크라테스는 그가 재판을 받는 법정에 가족을 오지 못하게 했습니다. 그 이유는

무엇입니까? 8장 참고

7. 소크라테스는 최종적으로 사형 판결을 받았습니다. 그의 친구와 제자들이

소크라테스를 다른 도시 국가로 도피시키려고 노력했지만, 그는 끝내 거절하고

독배를 마시고 죽음을 받아들입니다. 이러한 결정을 내린 소크라테스의 신념을

한마디로 설명하는 유명한 문장이 있습니다. 그 문장은 무엇이며 소크라테스가 왜

죽음을 택했는지 생각해 보세요. 9장 참고

* 읽고 풀기의 PDF는 blog.naver.com/totobook9에서

다운로드 받을 수 있습니다.

1. 소크라테스는 자신이 아는 것에 대해서만 안다고 말하고, 알지 못하는 것에 대해서는 알지 못한다고 말할 수 있는 것이 진정한 앎이라고 생각했습니다. 그는 자신의 무지를 인정하는 것이 지혜로움의 가장 기본이라고 여겼습니다.

2. 소크라테스 아버지의 직업은 조각가였습니다. 조각이 형상을 드러내기 위해 필요한 것은 남기고 불필요한 것을 버리는 행위이듯이 소크라테스는 대화를 하는 데 있어서도 꼭 필요한 것만 남기고 불필요한 것을 버리는 조각술을 바탕으로 했습니다. 소크라테스 어머니의 직업은 산파였습니다. 산모가 아이를 순산할 수 있도록 옆에서 돕듯이 소크라테스는 친구나 제자와 대화를 할 때에 주로 묵묵히 듣다가 결정적인 순간에 그들에게 도움을 줬습니다. 이것이 소크라테스 대화법의 산파술입니다.

3. 아리스토파네스의 〈구름〉에서 묘사하고 있는 소크라테스는 궤변론자입니다. 친구와 함께 모기의 방구와 벼룩 이야기와 같은 시시껄렁한 농담을 주고받거나 늙은 아버지를 때려도 되는 이유나 자신이 진 빚을 갚지 않아도 되는 방법 등 나쁜 이론을 가르치는 선생으로 묘사하고 있습니다. 그러면서 비싼 수업료만 강탈하는 나쁜 사람으로 그려지고 있습니다.

4. 소크라테스는 아테네의 정치인, 시인, 수공업자를 차례로 만나러 갔습니다.

5. 소크라테스는 아테네의 젊은이를 타락시킨 죄, 신을 믿지 않는 죄로
   고소당했습니다.

6. 소크라테스는 법정에 가족을 데려오면 배심원들의 연민을 자아내어 그들이
   공정한 판결을 내리는 데 방해가 될 것이라 여겼기 때문입니다. 그는 배심원에게
   용서나 선처를 구하는 어떠한 말도 하지 않았으며 스스로 무죄임을 확신했기
   때문에 가족을 법정에 나오지 못하게 했습니다.

7. 소크라테스는 '악법도 법이다'는 신념이 있었기에 도피가 아닌 죽음을 택했습니다.
   소크라테스는 아무리 나쁜 법이라고 하더라도 그 법이 존재하는 한 그것을
   지켜야 한다고 생각했습니다. 그는 평소에도 항상 친구와 제자에게 법을 지키라고
   강조했습니다. 그가 사형 선고를 받고 다른 도시 국가로 도망쳤다면 정작 자신은
   법을 지키지 않은 사람이 되는 것이기 때문에 그는 위법이 아닌 죽음을 택했던
   것입니다.